国家出版基金项目
NATIONAL PUBLICATION FOUNDATION

扶桑國考證

朱谦之◎著

山西人民出版社
山西出版傳媒集團

圖書在版編目(CIP)數據

扶桑國考證 / 朱謙之著. -太原： 山西人民出版社，2014.12
(近代名家散佚學術著作叢刊 / 許嘉璐主編)
ISBN 978-7-203-08760-1

Ⅰ. ①扶… Ⅱ. ①朱… Ⅲ. ①歷史地理－考證－墨西哥－古代 Ⅳ. ①K973.16

中國版本圖書館CIP數據核字(2014)第234696號

扶桑國考證

主　　編　許嘉璐
著　　者　朱謙之
責任編輯　梁晉華

出 版 者　山西出版傳媒集團·山西人民出版社
地　　址　太原市建設南路21號
郵　　編　030012
發行營銷　0351－4922220　4955996　4956039
　　　　　0351－4922127(傳真)　4956038(郵購)
E－mail　sxskcb@163.com　發行部
　　　　　sxskcb@126.com　總編室
網　　址　www.sxskcb.com

經 銷 者　山西出版傳媒集團·山西人民出版社
承 印 廠　山西出版傳媒集團·山西人民印刷有限責任公司

開　　本　700mm×970mm　1/16
印　　張　10.25
字　　數　111千字
印　　數　1—3000冊
版　　次　2014年12月　第1版
印　　次　2014年12月　第1次印刷
書　　號　ISBN 978-7-203-08760-1
定　　價　23.00圓

《近代名家散佚學術著作叢刊》編委會

出版説明

近代名家散佚學術著作叢刊選取一九四九年以後未再刊行之近代名家學術著作共一百二十册，編例如次：

一、本叢書遴選之著作在相關學術領域具有一定的代表性，在學術研究方向、方法上獨具特色。

二、爲避免重新排印時出錯，本叢書原本原貌影印出版。影印之底本皆經專家組審定，原書字體大小，排版格式均未做大的改變，原書之序言、附注皆予保留。

三、本叢書分爲八大類，以作者生卒年編次。

四、爲使叢書體例一致，本叢書前言後記均采用繁體字排版。

五、個別頁碼較少的版本，爲方便裝幀和閱讀，進行了合訂。

六、少數學術著作原書内容有個別破損之處，編者以不改變版本内容爲前提，部分進行修補，難以修復之處保留缺損原狀。

七、原版書中個別錯訛之處，皆照原樣影印，未做修改。

八、所選版本之抽印本頁碼標注，起始至所終頁碼均照原樣影印，未重新編排標注新頁碼。

由於叢書規模較大，不足之處，殷切期待方家指正。

總序／

披沙瀝金，以爲鏡鑒

◇許嘉璐

多年來有一個問題始終在我腦中盤桓：爲什麽在十九世紀末到二十世紀初，在短短的幾十年裏，中國的各個學術領域竟湧現了那麽多大師級的人物？這是中國近代史上一個極爲重要的現象，我認爲，如果不能給出令人滿意的答案，我們撰寫的近代學術史將是不完整的，甚至是缺乏靈魂的。後來我知道，著名人類學家克羅伯曾提出過一個問題：爲什麽天才成群地來？看來這種現象的出現並非中國所獨有，思考其所以然的也大有人在。而在那一次世紀之交中國的情況，似乎應驗了「天才成群地來」這個令克氏久久不解的疑問。錢學森先生曾從相反的方向提出了相同的疑問：爲什麽我們這個時代出現不了杰出人才？後來人們稱這個問題爲「錢學森之謎」。

要回答這些疑問不是件容易的事。與其迅速地囫圇地探尋，不如先多了解那些讓中國近代學術（應該包括人文科學和自然科學）史上閃耀着光輝的大師們的作品和自述，從而在腦海里盡量「復原」他們所處的環境和在那種環境下的心理路徑，從中或許可以得到一些啓示。

有一點是顯然的，這就是他們雖然都已遠離塵世而去，但是他們獨立思考的品性、求知治學的真誠、困厄窮愁中對節操的堅守，恐怕是他們共同的主觀因素，一直影響到現在，而且將會永遠留存下去。

就思想界、學術界而言，二十世紀上半葉是一個新説和舊説碰撞，中學和西學融匯的大時代。那時的學人極爲重視言行操守，同時具備現代知識分子的理想信念；他們的學術研究十分純净，絶少功利因素；他們的視界開闊，以包容的心態和嚴謹的風格造就了成果的大氣與厚重。至於在客觀因素一面，他們實際是在用工業化時代的事實解說着太史公所說的名山之作「大抵聖賢發憤之所爲作」，困厄苦難使得他們「皆意有所鬱結」。這種鬱結，幾乎和個人的名利毫無牽涉，他們永遠不能釋懷的，是民族的存亡、國運的興衰、民衆的福禍和文脈的續斷。

那個時代也是近代歷史上最大規模的中西古今學術調適、創新的時期，學術方法上的交互滲透和融合、創新亦可謂「於斯爲盛」。斯時之學人是要在封閉的屋墻上鑿出窗子的勇士，是使人能夠看看外部世界的第一批導夫先路者；或者可以說，他們是在「意有所鬱結」時「彷徨」和「吶喊」的「狂人」。

相對於那時的哲人們，後來者是幸運兒。現在的形勢是，近三十年來學界空前繁榮，衆多學科有了長足之進，其中很重要的一點是學界有了更新穎、更廣闊的國際視野，似乎接續上了百年前的學壇盛事。但細想想，「古」與「今」還是有差別的。其异，主要不在於世界情勢、學術進展、工具改善這些客觀存在，而在於在廣泛吸收各國優長的同時，自身文化的主體性越來越受到重視，換言之，「拿來主義」已經延長了「拿來」的程序，加上了試用、甄別、篩選、吸收、融合、成長。就我孤陋所見，在當今地球上，面向所有異質文明，努力汲取我之所缺，其範圍之大和心態之切，似乎無出中國之右者。從這個角度說，我們已經超越了前輩。但是事情還有另外一面，學術，特別是人文學科，其職業化、「沙龍化」和功利性，以及隨之而來的浮躁病却嚴重了。從這個角度說，是不是我們已經後退得夠可以的了？而這是不是我們這個時代出不了大師的原因之一呢？

民國學術界的特點之一是極爲注重對傳統的反省、批判與繼承。他們對傳統文化盡最大的努力進行整理和研究。一方面，由於戰亂頻仍，民不聊生，學者們擔起了讓中華文化薪火相傳的歷史責任；另一方面，他們要通過對中國傳統文化的整理，挖掘來重振民族自信心。這一時期對傳統文化進行整理的全面而深入是前所未有的，舉凡文字學、語言學、經濟學、法學、哲學、政治制度、書法繪畫、金石學……規模之宏大，研究之精微，令人嘆爲觀止。

民國學術推動了現代學科體系的建立。在對傳統文化整理和研究的基礎上，吸收西方的文化思想和理念，推動和建立了中國現代學科體系。例如，在對語言文字和音韵學成果進行整理、研究的基礎上開始着手規範之，建立了國語學；深入研究書法、國畫，將其融入了現代美術學科；在廢除舊有學制後逐步建立起小、中、大學較完整的科目和學科體系。

民國學術也改變了傳統學術方式，建立了新的研究範式。以現代科學考古爲發端，科研的實踐和成果使中國知識界真正認識到在實驗、比較基礎上的邏輯分析對學術研究的重要，推進了中國學術的一大演變。至於我們常説的打破士大夫傳統、走出書齋到田野鄉村和市民中進行調查研究、結束了經學時代、以歷史眼光檢視儒學和諸子等等，都是確立新學術範式的努力。這一轉變，也標誌着中國學術界脱胎换骨，全面進入了現代，爲此後的學術發展奠定了堅實的基礎。當然，西方啓蒙運動以來，在「現代性」和「現代化」裏潛伏着的缺陷和謬誤也傳到了中國，這些不能不在前哲的著作裏留下痕迹。這並不奇怪。類似的情況，古往今來孰能免之？猶如今天的我們，誰敢自稱我之所見就是永恒的真理？在這個問題上兩個時代所異者，或許就在昔時大家創立新説或譯註西學著作，往往是懷着對學術和前哲的敬畏而爲之，故而常常誤不在我；當今則往往出於對學問和他人的輕蔑，或以所研究的對象爲謀己的工具，因而難辭主觀之咎吧。翻閲他們的心血之作，這些復雜的狀況可以顯見，可以視之爲我們的一面鏡子。

滄海桑田，世事變幻，歷史的動盪和時代的遮蔽，使當年許多大師的一些極有價值的學術著作被棄於故紙堆中，不能不令人有遺珠之憾。爲此，山西人民出版社不惜以數年之艱辛，披沙瀝金，編輯出版這套近代名家散佚學術著作叢刊，凡一百二十册，計文學、史學、政治與法律、美學與文藝理論、民族風俗、宗教與哲學、經濟、語言文獻共八大類別。所選皆爲作者之純學術著作，無論是其見解、精神，抑或是其時代烙印，都是後輩學人可資借鑒的寶貴財富。他們出版這套叢書，意在讓世人不忘來程，知篳路藍縷之不易，爲民族文化的傳承再增薪木。

出版社的初衷，與我近年來所思所慮近似，故願略述淺見於書端，以與策劃者、編輯者和讀者共勉。

二〇一四年七月六日

改定於自安東回京途中

前言

◇汪高鑫

中國近代的歷史，交織着多重矛盾。有傳統社會所具有的階級矛盾，有因帝國主義入侵而激化的民族矛盾，還有新舊思想觀念的矛盾，等等。正是社會矛盾的激盪，促進了近代社會的運動、嬗變與轉型，帶動了社會各種思潮的不斷涌現，進而引發了各種史學思潮的興起和近代史學的發展。一言以蔽之，近代中國史學與史學思想的發展變化，與近代中國社會的變遷是休戚相關的。

民國時期的社會變遷與轉型，直接促成了民國史學的發展和史學觀念的改變以及史學方法的創新。縱觀民國時期社會變遷與史學的發展，大致可以劃分爲兩個時期，第一個時期從一九一二年民國成立到一九三七年抗戰爆發，第二個時期從一九三七年抗戰爆發到一九四九年新中國成立。

第一個時期，中國社會的變遷大致經歷了從中華民國建立到北洋軍閥統治、從五四運動的爆發到兩次國内革命戰爭兩個階段。與此相對應，民國史學的發展也緊隨時代變化，明顯呈現出時代特徵。

在第一個階段，中國爆發了辛亥革命，結束了兩千多年的帝制統治，建立了資産階級民主共和體制的中華民國，然而資産階級臨時政府的權力很快又落入到袁世凱北洋軍閥手裏，中國政治進入了北洋軍閥黑暗統治時期。以梁啓超爲代表的一些早期提倡新史學的史家，因爲對袁世凱政府抱有幻想，而參加了北洋軍閥政府，由於忙於事務性的工作，早前由他們發動的資産階級新史學工作因此被耽擱了。這一時期新史學流派的歷史研究没有取得什麽實質性的成果。

北洋軍閥政府的獨裁統治與尊孔復古，激起了全社會的反抗，隨着維護資産階級民主共和的護國運動和護法運動的相繼開展，思想文化領域反對尊孔復古的新文化運動也於一九一五年開始廣泛開展起來，「民主」與「科學」便是這一運動所打出的旗幟。與此同時，大概自一九一六年以後，隨着一些留美、日、歐學生先後歸國，帶來了各種資産階級新思想。一時間，各種西方新學説不斷涌入，如英國羅素的社會改良主義、法國柏格森的生命哲學、德國李凱爾特的新康德主義、美國杜威的實用主義、馬克思主義，如此等等，當時中國的思想界可謂非常活躍。這些新學説、新思想的涌入，大大激發了這一時期中國史學家們的史學思想與歷史研究，各種新的史學研究方法得到介紹和提倡，史學出現了新的氣象。

從新文化運動到一九一九年五四運動時期，史學的代表人物主要有胡適、王國維、李大釗等人。胡適一九一七年留美回國後，很快成爲新文化運動的代表人物之一。在治學方法上，他將美國學者杜威的實驗主義運用到史學研究當中，於一九一九年提出了「大膽的假設，小心的求證」的治史方法和「整理國故，再造文明」的口號，發表了中國哲學史大綱這一以實驗主義研究中國歷史的示範之作，由此開啓了近代中國實證主義史學。王國維一九一六年留日歸國後，致力於甲骨文、今文和古器物考釋等的研究，一九一七年寫成的殷卜辭中所見先公先王考、殷周制度論，是考古學與歷史學相結合的開創性的研究成果。胡適與王國維等人的史學研究與方法，開創了近代中國史學研究的新範式。李大釗是近代中國第一個傳播馬克思主義的史學家。他於一九一六年留日歸國後，便積極投身於新文化運動中。當年發表了長文民彝與政治，從學理上論述如何根除帝制獨裁問題；次年發表了自然的倫理觀與孔子，對北洋軍閥政府尊孔復古進行抨擊；一九一九年在新青年上發表了我的馬克思主義觀，開始係統介紹馬克思主義史學理論，由此奠基了中國馬克思主義歷史觀。

第二個階段，爲中國兩次國内革命戰爭時期。第一次國共合作北伐，取得了反對北洋軍閥統治的勝利；第二次國共内戰，其間日本帝國主義不斷擴大侵華，民族危機日益加重。盡管這一時期的中國戰亂不已，國家還面臨着嚴重的民族危機，卻是民國史學大發展時期；而造就這種大發展的原因，既有五四新學術思想的持續爆發的因素，也與二十世紀二三十年代社會變遷密不可分。

二十世紀二三十年代民國史學的大發展，突出表現在新歷史考證學上，這顯然是對五四時期開啓的實證史學的繼續和發展。一九一九年底，胡適發起「整理國故」運動，從歷史學的角度提出「整理國故」的步驟與方法，繼續宣揚他的所謂學術求真。胡適認爲，「整理國故」的目的在於學術求真，並非現實致用，並提出了「整理國故」的四個具體步驟：第一步是條理系統的整理，第二步是尋出每種學術思想發生原因和效果，第三步是要用科學的方法做精確的考證，第四步是綜合前三步的研究還他一個本來面目。應該説胡適的「整理國故」對於歷史研究有着方法論的意義。受胡適疑古實證思想影響的顧頡剛，在史學上的突出成就和影響，是提出「層累地造成的中國古史」的觀點，以及創辦古史辨，推動中國古史的研究。顧頡剛古史辨的具體成就，除去提出「層累地造成的中國古史」的命題，還揭示了三皇五帝古史係統由神話傳説層累造成，打破了民族出於一元和地域向來一統的傳統説法，以及對古書著作時代的大量考訂。顧頡剛的治史宗旨，用他自己的話來説，就是「只當問真不真，不當問用不用」（注一）。傅斯年曾經留學德國，深受西方蘭克「史料即史學」的實證主義影響。一九二八年創辦中央研究院歷史語言研究所，大力宣揚蘭克史學思想。按照傅斯年的説法，「學問之道，全在求是」（注二），一分材料只能説一分話，史學便是史料學。王國維在這一時期的歷史考證涉獵廣博，於漢晉木簡研究有流沙墜簡考釋、墜簡考釋補證和簡牘檢署考，於敦煌寫卷研究有與羅振玉合編的敦煌石室遺書，於甲骨文等古文字研究貢獻尤大。在治史方法與理論上，王國維的

「二重證據法」之「古史新證」理論，對於民國史學的影響極大。陳垣這一時期的治史集中於宗教史和文獻學。於宗教史上，從一九一七年至一九二三年，他先後發表了元也里可温考、開封一賜樂業教考、火祆教入中國考和摩尼教入中國考，合稱「古教四考」；於文獻學上，他對目録學、年代學、史諱學和校勘學等領域多有建樹。陳垣治史以重史源、講類例爲其特點。以上史家雖然治學方法與特點不盡相同，但都以考證見長。

這一時期「新史學」史家的史學研究與方法也取得了一定的成就。梁啓超這一時期的史學研究可謂多産，從一九二〇年至一九二七年，先後發表清代學術概論、先秦政治思想、中國歷史研究法及補編、中國近三百年學術史和古書真僞及其年代等，治史重點在學術史與方法論。與當年發起「新史學」相比，梁氏這一時期的史學研究呈現出廣疏多變的特點。何炳松在「新史學」思潮中可謂獨樹一幟，他於二十世紀二三十年代中國史學界的最大影響，便是對魯濱遜新史學的介紹和評論。何炳松係統闡發了「新史學」的「綜合史觀」，主張歷史研究要反映人類活動的全部，史學研究的方法應該多元化，如統計學的方法、生物學的方法等等，要綜合利用各種學科的成果特別是新學科的進展開展歷史的研究，並表達了對於歷史學的意義、價值和發展前景的看法。

與此同時，這一時期的馬克思主義史家對歷史學的研究繼續做出了貢獻。一九二四年，李大釗出版史學要論，運用唯物史觀對歷史、歷史學、歷史學的係統、史學在科學中的地位、史學與其他相關學科之間的關係、現代史學的研究及於人生態度的影響等史學基本理論問題作了闡述。一九二七年大革命失敗後，一些關注中國前途與命運的學者受到困惑，於是一場關於中國社會性質的大論戰逐漸開展起來。馬克思主義史家積極參與其中，郭沫若便是其中的杰出代表。一九三〇年，郭沫若出版了中國古代社會研究一書，這是民國時期中國第一部運用唯物史觀分析、解剖中國古代社會的著作。該書以物質資料生産方式的發展和變革來解釋中國古代社會歷史發展的全過程，論證中國歷史發展與世界歷史發展的共同性，對中國古史分期提出了自己獨創性的看法。參與社會史大論戰的馬克思主義史學家還有呂振羽、何幹之、翦伯贊、侯外廬、鄧拓等人。但總體來看，與歷史考證學派相比，這一時期的「新史學」派和馬克思主義史學派並不佔據主流。

第二個時期，中國經歷了抗日戰爭和解放戰爭，民國史學在這個時期的表現有兩個顯著特點：其一是緊緊服務於抗戰的需要而出現的抗戰史學；其二是馬克思主義史學得到了迅速發展，逐漸形成自己的革命史學體係。

抗日戰爭的爆發，引起了中國史學界巨大的震撼。面對中華民族出現前所未有的嚴重危機，在第一時期佔據史學主流地位的新考證學派史家，他們過去那種一味重視學術求真，而不講究學術致用的治史價值取向，在這時發生了重大改變，開始以史學積極服務於抗戰。早在九一八事變以後，面對中華民族的危機，顧頡剛、傅斯年、陳垣等考證學派史家就開始拿起自己的史筆，積極投身於抗日救亡的時代大潮中。顧頡剛一九三四年創辦禹貢半月刊，開始高舉愛國主義的民族主義旗幟。之所以要以「禹貢」爲刊名，按照顧頡剛的説法，是「今日談起禹域，都會想起『華夏之不可侮與國土之不可裂』」（注三）。很顯然，禹貢半月刊的宗旨，便是要通過對於邊疆歷史地理的研究，激發全民族抵抗日本帝國主義侵略的熱情與決心，以達到維護祖國領土完整的目的。傅斯年在九一八事變後，出版了東北史綱，以大量史實論證東北自古以來就是中國的固有領土，對日本帝國主義御用歷史學家的種種歪曲史實的謬論予以駁斥。全面抗戰爆發後，傅斯年又寫了中國民族革命史一書，雖然是未完稿，卻已經表達了他的民族思想。該書以歷史爲依據，充分論證了中華民族的同一性、整體性和不可分割性，因此，在面對日本帝國主義侵略中國的嚴重危機的緊要關頭，中華民族應該團結起來共同禦侮，要發揚中華民族百折不撓的精神，樹立起中華民族抗戰的必勝信心。陳垣在新中國成立後給友人的書信中講到了九一八事變後他的治史取向的轉變：「九一八以前，爲同學講嘉定錢氏之學；九一八以後，世變日亟，乃改顧氏日知録，注意事功，以爲經世之學在是矣。」（注四）抗戰爆發後，陳垣當時身陷淪陷區，卻堅持以史學爲抗戰服務，其中最具代表性的史著便是「宗教三書」和通鑑胡注表微。所謂「宗教三書」，是指明季滇黔佛教考、清初僧諍記和南宋初河北新道教考，雖然講的是宗教，卻表現了愛國的民族情操。明季滇黔佛教考是表彰明末遺民的愛國精神與民族氣節；清初僧諍記是通過宗教史的研究，來揭露變節者、抨擊賣國求榮的漢奸；南宋初河北新道教考也是用以表彰抗節不仕之遺民。通鑑胡注表微是陳垣最具代表性的史學著作，也是一部關注現實的史著，書中表現出了陳垣對歷史前途和民族命運的思考。錢穆在抗戰時期的史學研究，愛國的民族主義色彩也非常濃厚。一九三七年，錢穆寫成了與梁啓超同名史著中國近三百年學術史。該書以思想文化爲基礎和綫索，以學術傳承爲核心，通過史實證明中國傳統文化的優越性，旨在提醒國人要重視挖掘中國傳統文化的長處和價值，持守中國傳統文化的精神，保持一種民族的自信心。毫無疑問，這種民族自信對於全民族團結抗戰是非常必要的。一九四〇年，錢穆多年國史教學講義國史大綱出版。該書以「國史」作稱謂，反映了作者作史的民族國家本位意識。錢穆明確指出：「治國史之第一任務，在能於國家民族之内部自身，求得其獨立精神之所在。」（注五）該書的具體内容也充分體現了這一精神，它將文化、民族與歷史三者結合起來對中國歷史加以考察，認爲這種歷史發展過程即是民族文化精神的演進過程，歷史研究的目的不僅在於弄清楚歷史的真實，更重要在於弄清楚歷史背後蕴藏的民族文化精神，從而積極地去傳承這種民族文化精神。

當然，新考證學派史家開始轉向經世致用，只是治史的價值取向發生了變化，並不等於放棄了一貫的注重考證的治史方法。相反，在民國後期，這種治史方法還得到了發展，并且取得了很多重要成果，陳寅恪的詩文箋證和「民族文化之史」的論述便是典型代表。陳寅恪屬於考證學派代表人物之一，這一時期出版的隋唐制度淵源略論稿和唐代政治史述論稿是其考證隋唐史的力作。陳寅恪對於史料的運用有自己獨到的見解，認爲史家之於史料應該善於審定，辯證地看待真僞；同時要善於利用史料，詩詞、小説，以及稗史、筆記等，都可以用做歷史研究的材料，這顯然是一種「通識」的史料觀。陳寅恪詩文箋證的治史方法，即是在這種史料觀的指導下産生的，具體做法是以歷史記載去箋證詩文，同時詩文又可用以證史、探討史事，從而開闢出了一條新的證史路徑。一九五〇年出版的元白詩箋證稿，以及晚年寫成的巨作柳如是別傳，便是運用這種方法的代表作。陳寅恪關於「民族文化之史」的論述，其基本内涵包括政治制度、社會習俗、學術思想、文學藝術。陳寅恪的歷史觀念，是要以民族文化爲根基，同時吸收外來學説，由此構建起本民族思想文化體係；而不談經濟基礎的作用，則是其歷史觀念的局限性。

這一時期的中國馬克思主義史學家，不但積極投身於抗戰史學當中，爲全民抗戰進行歷史研究，而且把歷史研究與當時的革命鬥争相結合，逐漸形成了馬克思主義的革命史學。縱觀這一時期中國馬克思主義史學研究，主要在以下三個方面取得了顯著成就：其一是社會史研究，代表史家有吕振羽、鄧初民、侯外廬等人。吕振羽於一九四二年出版了中國社會史諸問題，該書是對二十世紀二三十年代中國社會史問題論戰的一個較爲係統的總結，正如作者在新版序言中所説，該書「反映了中國新史學在歷史科學戰綫上的鬥争過程中的若干情況，也反映了有關各派對中國史問題的基本立場、觀點、方法及其在一定時期的發展過程，可作爲中國馬克思主義史學史的參考資料」。鄧初民於一九四〇年和一九四二年分別撰寫出版了社會史簡明教程和中國社會史教程，兩書運用馬克思主義唯物史觀，分別論述了人類社會歷史的發展過程及其規律和中國社會歷史的發展過程及其規律。在中國社會史教程一書中，鄧初民指出了中國社會發展的前途是光明燦爛的，我們應該要「努最後必死之力，加以争取」。侯外廬於一九四七年出版了中國古代社會一書，內容涉及生産方式、政治結構、階級關係、國家和法以及道德起源等問題，見解頗爲深刻。總體來説，這些社會史著作可以被看作是二十世紀二三十年代社會史大論戰的總結、延續和深入。

其二是通史研究。這方面的成就尤爲突出，吕振羽的簡明中國通史、范文瀾的中國通史簡編和翦伯贊的中國史綱都是這一時期的通史名作。吕振羽於一九四一年出版簡明中國通史上册，如同其出版序言所説，該書「與從來的中國通史著作頗不同」，這種「頗不同」主要表現在它「把中國歷史作爲一個發展過程在把握」，「還盡可能照顧到中國各民族的歷史及其相互關係」。一九四八年出版下册，在跋語中作者申明該書的基本精神是「把人民歷史的面貌復現出來」。范文瀾於一九四二年出版了中國通史簡編，該書的基本精神旨在將歷史研究與中華民族的前途相結合，如同作者在上册序言中所説的，「我們要瞭解整個人類社會的前途，我們必須瞭解人類社會過去的歷史；我們要瞭解中華民族的前途，我們必須瞭解中華民族過去的歷史」。這也正是中國通史簡編撰寫的初衷。本着這樣一個目的，該書的編寫運用馬克思主義觀點，肯定勞動人民的歷史作用，重視探尋社會發展的規律，注意分析階級鬥争的本質，積極反映生産鬥争的面貌。翦伯贊於一九四三年和一九四六年分别出版了中國史綱第一、二册，該書運用馬克思主義觀點，剖析了商周社會性質以及戰國秦漢社會性質的轉變，注意將中國歷史置於世界歷史的大背景下進行考察，在研究方法上重視以考古材料與文獻資料相結合。

其三是思想史研究，代表史家有吕振羽、何幹之、侯外廬等人。吕振羽於一九三七年出版了中國政治思想史，這是我國第一部運用馬克思主義理論論述中國政治思想的著作。撰述的初衷，是針對陶希聖的同名著述，可以被視爲社會史論戰的延伸。作者解釋所謂的政治思想史，「本質上係同於社會思想史」。全書按社會性質及其發展階段，對上自商朝下至鴉片戰爭前的中國政治思想史作了係統論述。何幹之於一九三七年出版了近代中國啓蒙運動史，該書重視將思想運動和社會的經濟結構、政治形態聯係在一起來進行研究，肯定評價各種思想文化必須運用「歷史的眼光」，把思想文化放在特定的歷史環境中進行考察、分析和評價。侯外廬關於思想史的研究建樹最多，他於一九四四年出版了中國古代思想學説史，具體探討了歷史演進與思想發展、新舊範疇與思想變革、思想發展過程與時代個別學説、學派同化與學派批判、學説理想與思想術語、現實與遠景等等的關係，見解深刻；一九四五年出版了中國近世思想學説史，這是一部論述十七世紀至二十世紀中國思想學説發展史的著作，以十七世紀爲啓蒙思想期、十八世紀爲漢學運動期、十九世紀以後爲西學東漸期做劃分；一九四七年主持編寫出版了中國思想通史第一卷，該書編寫的主旨思想，作者在出版序中説，是「特在於闡明社會進化與思想變革的相应推移，人类新生與意識潛移的聯係」。

如果説五四運動以來至抗戰以前的中國馬克思主義史學的傳播主要還只是李大釗、郭沫若等少數人的努力的話，那麽隨着抗日戰爭爆發，這樣的局面得到了很大的改觀，馬克思主義史學在此後得到了迅速發展。隨着馬克思主義史學家們在史學研究各個領域的全面開展，并且取得了許多重要的研究成果，一種新的「革命史學」體係便逐漸建立起來了。這種「革命史學」爲抗日戰爭和全國解放戰爭的勝利做出了重要貢獻，成爲中國共産黨領導的中國革命事業的重要組成部分。

縱觀民國時期史學的發展，明顯呈現出以下特點：首先是階段性。民國史學如同民國社會一樣，處在不斷的嬗變當中，故而呈現出明顯的階段性特點。這種階段性，大致可以分爲民國建立前後從傳統史學向新史學的轉變，五四時期及此後新史學向考證史學（廣義而言考證史學也屬於新史學）的轉變，抗戰時期考證史學向經世史學的轉變，從抗戰到解放戰爭時期，馬克思主義革命史學迅速發展。

其次是經世性。民國史學的嬗變，呈現出階段性特點，又是與史學發揮其經世功能緊密相連的。五四新考證學派史學雖然標榜自己的學問「只當問真不真，不當問用不用」，其實他們的考證史學是與五四新文化運動提倡的科學精神分不開的。新考證史學雖然有傳承乾嘉治史方法的因素，更有學習西方，希望建立科學的史學的願望所在。正如顧頡剛所説的，「五四運動以後，西洋的科學的治史方法，才真正傳入，於是中國才有科學的史學可言」（注六）。這種科學的史學，與當時建立科學、民主的中國的社會訴求是相一致的，其實也是具有經世的内蘊於其中的。抗戰時期，包括實證主義和馬克思主義等在内的史家都積極投身於宣傳民族文化當中，則是與當時的救亡圖存聯係在一起的，這種史學經世直面社會問題、直面民族危機，其方式當然更加直截了當。毫無疑問，民國史學在其不同階段，整體上都没有脱離經世的主旨，這也是中國史學的優良傳統。

再次是流派多。這一時期的史學流派可謂异彩紛呈，有新史學派、國粹派、新考證學派、馬克思主義學派等等。每一學派下面又可具體劃分出具有不同特點的派别，如新考證學派雖然都以考證見長，但他們的學術風格還是不盡相同的，據此又可細劃出以胡適爲代表的實證派、顧頡剛爲代表的古史辨派、傅斯年爲代表的史料學派、王國維爲代表的考古派等等。一些學者根據各自不同的標準，對民國史學流派作了不同的劃分，如有信古派、疑古派與釋古派之分，有傳統派、革新派與科學派之分，有考據學派、唯物史觀派和理學派之分，有掌故派、社會學派之分，如此等等，不一而足。

總體來看，民國史學影響最大者，莫過於新考證學派和馬克思主義學派，抗戰以前以新考證學派最盛，抗戰以後馬克思主義學派得到迅速發展。這些史學流派的史學理論與方法，迄今依然成爲我們歷史研究的重要範式。

近代名家散佚學術著作叢刊選取了一九四九年以後未再出版的十六部民國時期的史學著作進行重刊，它們分別是朱謙之的扶桑國考證、魏應麒的中國史學史、衛聚賢的中國考古小史、陳伯瀛的中國田制叢考、謝國楨的清初流人開發東北史、張鵬一的唐代日人來往長安考、鍾歆的揚子江水利考、梁盛志的漢學東漸叢考、顧頡剛、楊尚奎的三皇考、陶棟的歷代建元考、陳述的契丹史論證稿、陳寶泉的中國近代學制變遷史、陳里特的中國海外移民史、鄭鶴聲的史漢研究、章中如的清代考試制度資料和郭伯恭的永樂大典考。之所以重刊這批史學著作，是看到了它們在今天依然有其學術價值所在。作爲一份豐厚的史學遺産，值得我們去加以發掘和繼承。

從所選十六部史學作品來看，明顯打上了民國史學的時代烙印，體現了民國史學的時代特徵。首先，研究内容涉獵廣博。涉獵廣博，是民國史學的基本特點，反映了民國史家學術視野的開闊。選擇重刊的雖然只有十六部史著，涵蓋面卻非常廣博，有史學史方面的，如中國史學史、史漢研究；有學術史方面的，如漢學東漸叢考、永樂大典考；有教育史方面的，如中國近代學制變遷史、清代考試制度資料；有經濟史方面的，如中國田制叢考、揚子江水利考、清初流人開發東北史；有考古史方面的，如中國考古小史；有民族史方面的，如契丹史論證稿；有中外交往史方面的，如扶桑國考證、唐代日人來往長安考、中國海外移民史；還有名號、年號史方面的，如三皇考、歷代建元考等。這樣的全方位的歷史研究，是民國史學的一個縮影。

其次，治學方法重視考證。重視考證，是民國史學的顯著特點。在十六部史著中，除去魏應麒的中國史學史、衛聚賢的中國考古小史、陳寶泉的中國近代學制變遷史、陳里特的中國海外移民史、鄭鶴聲的史漢研究和章中如的清代考試制度資料等六部外，其他十部都是考史著作。涉及的考證領域很廣，有國名、田制、開發、交通、水利、學術、名號和學制等等。在具體考證上，重視方法的運用。如朱謙之的扶桑國考證，按照作者自己在自序中所說，該書是「從文獻學、民俗學、考古學三方面的史料搜集和批評的結果」，這裏既是講史料搜集問題，也是講歷史考證方法。又如陳伯瀛的中國田制叢考，作者也在自序中交代了其作史、考史方法：首在網羅放失，整輯舊聞；次在探究原本；三則覆核名實；四則辨正事蹟；五則鑒古度今。可見該書對廣占資料、辨證核實的重視。

再次，治學宗旨强調致用。經世致用，是民國史學的重要特點，抗戰以後的史學表現尤其突出。所選十六部史著，也體現了重視經世致用的特點。如陳伯瀛之所以要撰述中國田制叢考，按照作者的解說，是因爲田制與農人、社會和國家休戚相關。該書「敍引」就說，田制影響農人生計，農人生計又會影響到社會秩序與和平。又如鍾歆的揚子江水利考，作者在該書「敍言」中論述了撰述該書的原因：一方面民國以前揚子江鮮有水患，所以過去這方面的論著很少；另一方面民國以來的數十年間，揚子江水患頻發，國家需要計劃治理，而治理水災，就必須要先瞭解水文歷史。很顯然，該書是爲了治理揚子江水患的需要而撰寫的，經世意圖非常明顯。再如陳寶泉作中國近代學制變遷史，其實是蘊含了作者教育救國的思想於其中的。在該書自序中，作者明確指出學制與人才問題關係到國家興亡的根本。他有感於當時各國教育制度的日新月異，而中國卻没有關於教育制度的專書作比較，致使切合國情的新的教育一時無由發現。他撰寫該書的目的，便是希望通過總結近代中國學制的變遷，找尋出一種更加適合當時中國需要的新的學制。

最後，歷史見解精辟獨到。如朱謙之扶桑國考證考證扶桑國爲何處，這是對當時世界史學界討論的一個熱點問題的積極回應。自從一七六一年法國人歧尼（De Guignes）發表中國人之美洲海岸航行及住居亞洲遠東之幾個民族的研究，提出扶桑爲美洲墨西哥說以來，引起了世界史學界的長期大討論，基本觀點無非有肯定與否定兩種，否定中又有扶桑國爲日本和樺太的不同說法。朱謙之依據文獻、民俗和考古資料，比較了世界史學界諸説的異同和存在的問題，得出了扶桑即美洲墨西哥的結論，不但駁斥了扶桑非美洲説的觀點，而且對美洲説也作了補充論證，更有説服力。又如魏應麒的中國史學史的問世，按照作者的説法，是「前無作者」的史著，卻表現得非常成熟。該書對中國史學的特質與價值、史籍的位置與類别、史館建置與職守、史學發展之情形、史書體裁之發展、史學理論與方法之運用等等，都提出了自己的見解，即使在今天，也不失爲有創見的反映中國史學史的著作。又如顧頡剛、楊尚奎的三皇考，這是民國考證派史學的代表作之一。在該書中，作者對「皇」、「三皇」、「太一」等相關概念作了係統闡釋，對三皇説與太一説的消長及其相互關係進行了論述，對與三皇相關的伏羲、盤古、女媧等古聖王的地位變化作了考察，對三皇、太一在道教中的地位作了説明，對歷史上關於三皇的信仰與祭祀情況作了梳理，并且旁及河圖洛書、三墳五典等等内容。這樣一個係統的考察，旨在論證「三皇」傳説只是托古改制的産物，認爲民族自信力應該建立在理性上，而不是虚假的三皇上。書中闡發的觀點，在當時史學界有很大的影響。應該説所選十六部史著，都是作者的心得之作，這裏不一一贅言。

挖掘、清理和總結民國史學，對於我們全面認識和係統借鑒民國史學，推動新時期中國史學與史學思想的發展是很有裨益的。借此對主持重刊工作的山西人民出版社表達一個史學工作者的由衷敬意！

二〇一四年五月於北京師大京師園

注一　當代中國史學，遼寧教育出版社一九九八年版，第一百五十三頁

注二　史料論略及其他，遼寧教育出版社一九九七年版，第二百頁

注三　禹貢四卷十期，禹貢學會募集基金啓事

注四　陳智超陳垣來往書信集，上海古籍出版社一九九〇年版，第二百一十六頁

注五　國史大綱，商務印書館一九九四年版，第十一頁

注六　當代中國史學，遼寧教育出版社一九九八年版，第二頁

作者簡介

朱謙之（一八九九年—一九七二年），福建人。中國著名的哲學家、哲學史家、東方學家、文化學家、宗教學家、中外思想文化比較學家。朱謙之一生爲後人留下了大量珍貴的文化遺産：專著四十二部，譯著兩部，論文一百餘篇。他的論著涉及歷史、哲學、文學、音樂、戲劇、考古、宗教、政治、經濟、中外文化關係等各個領域，有些研究領域在我國還是開創性的（如日本哲學、中西哲學交流、文化社會學等），因此，人們稱贊他爲百科全書式的學者。

自序

世界文化體系，依斯賓格勒(Spengler)著「西歐之沒落」第二卷中，分爲九個高等文化，即(一)埃及文化，(二) 巴比侖文化，(三)印度文化，(四)中國文化，(五)希臘羅馬文化，(六)阿拉伯文化，(七)墨西哥文化，(八)西歐文化，(九)俄羅斯文化，墨西哥文化即爲九個高等文化之一。又湯偉(Toynbee)在「歷史研究」第一册中，分世界文化爲二十一單位，其中如安達(Andean)文化，馬耶(Mayan)文化，兪加達(Yucatic)文化，墨西哥(Mexico)文化四單位，皆爲美洲原住民文化，而以墨西哥文化爲中心，雖然這一系文化不久中絕，但溯其來源，實中國的文化所傳播。墨西哥即中國古所稱「扶桑」(Fou-Sang)，這是很値得我們去注意討論的。

美洲古代文化所受中華文化的影響，實較歐洲爲先，這在外國學者知之甚詳。從一七五二年法國漢學元祖歧尼(De Guignes)提出『紀元五世紀中國僧人發現美洲說』以後，此問題的討論，已歷一百六十年之久；參加論爭的有法、美、俄、德、英、意、荷、日、印度各國學者；參加著作據戈爾迯(Cordier)「中國學書目」(Bibliotheca Sinica)所列重要論文及專書，有三十餘種，批評尙不在內，卻是在這些論著裏，竟沒有中國人的一篇，這眞煞是怪事。近來中國學者因墨西哥，祕魯各國，陸續掘得漢文的古碑，古磚，古錢，古裝雕刻，似亦稍知注意及此，然而零星小著，不過藉作談資，其能組成系統，成一家言者，實尚未見，不得不認爲遺憾。

我對於這問題的研究，從構思以至脫稿，費時乃在一年以上，初意不過介紹關於此問題研究的成績，積久竟成長篇，而且從文獻學，民俗學，考古學三方面的史料搜集和批評的結果，竟得到和歧尼，文寧（Vining）相同的正面結論，而證據確鑿，方法亦求嚴密，眞非初料之所及。我很榮幸，歷史的一段眞實，竟爲我而重新發現，然而抱着更大希望的，就是本書發表，能够引起人們更大注意，對此問題更加深一層的研究，否定牠或完成牠。

還有本書能够早日問世，應該感謝商務印書館和王雲五先生。幾幅插圖和講稿，陳翊湛兄，何絳雲女士皆與有功，謹此致謝。

中華民國二十九年六月十四日序於國立中山大學朱謙之。

目錄

附錄

扶桑國考證

——哥侖布前一千年中國僧人發現美洲說之討論——

一

一四九二年哥侖布（Christopher Columbus）發現美洲，這一次在地理上的大發見，將所有以前歷史的面目，完全爲之改觀，然就其此次遠航的動機，據其所述，即已明言爲尋求馬哥波羅遊記（The Travels of Marco Polo）中所載之「契丹」（Cathay）（註），此事人盡皆知，已無須證明。但更可注意的，就是在哥侖布以前約一千年，從中國起程的僧人，已經航行到美洲之西，即今墨西哥地方，此則知之者尙少，有加以詳細敍述的必要。

（註）詳見 Yule: Cathay and Way thither, Vol. I, p. cxix, Preliminary Essay 114, Columbus sought Cathay, p. cxxxiv, Preliminary Essay, 111. 張星烺：中西交通史料匯篇第二册頁三七五至三八二托斯加內里致科倫布第二書與科倫布紀程序文。

一七五二年，法國的漢學元祖歧尼（De Guignes）在中國古史裏面，發見了新奇的問題，於一七六一年報告文史學院（Académie des Inscriptions et Belles-Lettres），謂其尋究中國古史，曾發見紀元後五世紀，已有中國僧人至扶桑國，扶桑即今美洲之墨西哥云云。此說一經宣布，便發生很大的影響，使我們知道一千年前的無名的哥倫布，已經很早發見了美洲，當然很值得學界注意的問題了。因此西方學者，對此問題的反復討論，著成許多專書或論文，討論的時間從一七六一年至一九二一年，約一百六十年之久。現在試將法國漢學家戈爾遜（Henri Cord er）所著『中國學書目』(Bibliotheca Sinica)第四册頁二六五四至二六五八，三二一八，第五册頁四二四七所錄關於慧深（Housi Chin）與扶桑問題（Question du Fou-Sang）注意一下，便知道這個從來不爲我們國人所注意的「哥倫布前一千年中國僧人發見美洲說」是有如何值得我們重新研究的價值了。其重要文獻如下：

（一）一七五二年八月二十八日歧尼（De Guignes）與宋君榮（le **P.** Gaubil）書討論文獻通考（Voir les passages relatifs aux extraits du Wen-hian-toung-kao）見 Panth. litt. 第四頁六四。又一七五五年十月三十日宋君榮從北京與歧尼書，見同書頁七一至七二。同年十一月三日宋君榮書，見同書頁七三至七五。

（二）歧尼著『中國人之美洲海岸航行及住居亞洲遠東之幾個民族的研究』（Recherches sur les Navigations des Chinois du côté de l'Amérique, Et sur quelques peuples situés à l'extrémité orientale de l'Asie）見一七六一年學院紀錄(Rec. de l'Académie des Inscriptions, Mémoires）第二十八卷頁五〇三至五二五。又報告大綱見一七五三年七月，巴黎發

行之歷史報 (Journal historique) 七十四期頁四三至四八。

(三)克拉卜洛特 (J. Klaproth ——關於中國文獻中所載之扶桑國竟被誤認爲美洲一部之說的研究(Recherches sur le pays de Fousang mentionné dans les livres Chinois et pris mal à propos pour une partie de l'Amérique) 見旅行新年鑑 (Nouvelles Annales des Voyages)二十一卷第二類一八三一年刊頁五三至六八。

(四)巴拉維 (Paravey, Chev. de)——美洲之名扶桑，五世紀中國史中會否引證 (L'Amérique, sous le nom de pays de Fou-sang, est-elle citée, dès le 5e Siècle de notre ère, dans les grandes annales de la Chine, et, dès lors, les Samanéens de l'Asie centrale et du Caboul, y out-ils porté le bouddhisme, ce qu'a crer voir le Célèbre M. De Guignes, et ce qu'out nié Gaubil, Klaproth et M. de Humboldt? Discussion ou Dissertation abrégée, ou l'Affirmative est prouvée)這是一八四四年在巴黎出版的二十七頁的小册子，大綱會載於一八四四年二月基督教哲學年鑑(Annales de philosophie Chrétienne)。

(五)巴拉維——中國書籍中所載扶桑卽美洲的新證據 (Nouvelles Preuves que le pays du Fou-sang mentionné dans les livres Chinois est l'Amérique)十三頁的小册子，大綱見一八四七年六月基督教哲學年鑑。又關於扶桑問題，巴拉維所著尙有美洲之原始亞洲住民 (Orig ne Asiatique d'un peuple de l'Amérique 共七頁）及一八三五年，一八三八年之小册子，均在巴黎出版，大綱見基督教哲學年鑑。

（六）駁若馬爾亞洲無關於美洲民族之記載說（Réfutation de l'opinion émise par M. Jomard que les peuples de l'Amérique n'ont jamais en aucun rapport avec ceux de l'Asie）共七頁，大綱見基督教哲學年鑑一八四九年五月又若馬爾說見地理會報（Société de Geographie）一月十九號卷首。

（七）留曼（Karl Friedrich Neumann）——東亞洲與西美洲，關於第五，六，七世紀中國人的發見（Ostasien und West-amerika Nach chinesischen Quellen aus dem fünften, sechsten und siebenten Jahrhundert）見一八六四年柏林發行 Zeitschft. f. Allg. Erdkunde 第十四卷頁三〇五至三三〇。案留曼爲米尼克（Munich）大學教授，此篇實以較長的記錄，證實歧尼之說，謂扶桑卽今之墨西哥云。

（八）培累斯（José Perez）——關於古代美洲與歐，亞，非各洲民族關係的報告（Mémoire sur les relations des anciens Américains avec les peuples de l'Europe, de l'Asie et de l'Afrique）見一八六二年東方與美洲雜誌（Revue orientale et américaine）第八卷頁一六二又論文四頁一六二與三〇〇。

（九）愛赫塔（M. Gustave d'Eichthal）——原始佛教徒與美洲文化的研究（Etude sur les Origines Bouddhiques de la civilisation américaine）一八六五年在巴黎發表，共八十

六頁第一部分載於古物學雜誌(Revue Archéologique)。

(一〇)哥德羅(Gcdron)——佛教徒於基督紀元五世紀傳道美洲說(Une mission bouddhist en Amérique au Ve siècle de l'ère chrétienne)案哥德羅博士爲南錫(Nancy)科學界之權威，此文見一八六八年旅行年鑑(Annales des Voyages)第四册頁六至二〇。

(一一)艾爾衞(M. le Marquis d'Hervey de Saint-Denys)——關於古代中國所記扶桑國的幾種未經考訂的同樣證據的報告(Mémoire sur la pays connu des anciens Chinois sous le nom de Fou-sang, et sur quelques documents inédits pouvant servir à l'identifier)巴黎國立印刷所發行，共十七頁，案此書爲文史學院之簡單報告書，曾譯載梁四公記杰公語。

(一二)阿丹(Lucien Adam)——扶桑說(Du Fousang)見一八七五年南錫與巴黎發表之美國國際公論(Congrès international des Américanistes)頁一四四至一六三。

(一三)斯文雜誌(Gentleman's Magazine)——誰發見了美洲，四世紀以前中國人已知有新大陸之證明(Who discovered America, Evidence that the new world was known to the Chinese fourteen hundred year ago)此文轉載於一八七〇年中國記錄(Chinese Recordor)五月號頁三四四至三四五。

(一四)布德利側耐德(E. Bretschneider)——扶桑或誰發見了美洲(Fu-sang, or who

discovered America）此文草於一八七〇年六月十三日，載於中國記錄及傳教師雜誌（ChineseRecordor and Missionary Journal）三卷一八七〇年十月刊頁一一四至一二〇，對於歧尼及留曼之說，大加攻擊。

（一五）李南得（Charles G. Leland）：扶桑或五世紀中國佛教徒發見美洲說（Fusang or the Discovery of America by Chinese Buddhist priests in the fifth century）一八七五年在倫敦出版，共頁 XIX 至二一二，案此小册子實贊同歧尼及其師留曼（Neumann）教授之說。

（一六）布德利側耐德（E. Bretschneider）：扶桑國，關於中國古代的記載（Ueber das Land Fu Sang nach den alten Chinesischen Berichten）見一八七六年橫濱（Yokohama）出版之德國自然地理與東亞民族報告（Mitt. d. Deutsch. Ges. f. Nat. u. Völk. Ostasiens）第二册，頁一至一一。

（一七）威廉（S. Wells Williams）扶桑及中國東部太平洋諸國的報告譯自馬端臨文獻通考並加以說明（Notices of Fu-sang, and other countries lying east of China, in the Pacific Ocean, Translated from the Antiquarian Researches of Ma Twan-Lin, with notes）作者爲耶魯大學中國語言文學教授，一八八一年 New Haven: Tuttle, Morehouse and Taylor 出版共三十頁。

（一八）文寧(Edward P. Vining) 無名的哥倫布或慧深與阿富汗族佛教團於五世紀發見美洲的證據(An inglorious Columbus; or, Evidence that Hwui Shăn and the Party of Buddhist Monks from Afghanistan Discovered America in the Fifth Century, A. D.) 一八八五年由紐約 D. Appleton 出版共頁 XXIII 至七八八，其中頁七一一至七四〇爲作者及參考書目，此書爲東方僧人發見亞美利加洲說的名著。

（一九）愛德曼·留曼(Edmund Naumann)：地理學日課第三，妄誕的扶桑 (Geographische Tagesfragen. III. Das fabelhafte Land Fusan) 一八八九年 Allg. Zeitg, 二〇頁二八九至二九〇，二一頁，二九八至二九九。參閱格拉弗(Rev. A. Kingsley Glover)中國人發見美洲說 (The Chinese Discovery of America) 見美洲史雜誌 (Mag. of American History) 一八九一年一月號。

（二〇）扶桑在那裏 (Where is Fusang?) 見一八九二年 Korean Reposit. 十二月號頁三五九至三六四。

（二一）愛德金 (J. Edkins)：眞的扶桑 (The true Foosang) 見先驅報 (Messenger) 一八九二年九月頁二八七至二八九。

（二二）希勒格 (Gustave Schlegel)：中國史乘中未詳諸國考證卷一扶桑國(Problmèes géographiques. Les peuples étrangers chez les historiens chinois.—I Fou-sang Kouo.

Le Pays de Fou-sang)案希氏爲萊登大學(Université de Leide)中國語言文學教授，此書一八九二年，由 Leide, E. J. Brill 出版，共六十八頁。節要見通報(T'oung-Pao)第三卷第二分。尙有『一些關於論文中有力的引證文件』(Tirage à part.—à petit nombre, sur papier fort de l'article)發表於一八〇二年五月通報第三卷第二分頁一〇一至一六八。及一八九三年十月通報第四卷第四分頁三九〇。又希氏原書共分二十卷 I. Fou-Sang Kouo 扶桑國。II. Wen-Shin Kouo 文身國。III. Niu Kouo，女國 IV. Siao-Jin Kouo 小人國 V. Ta-Han Kouo 大漢國。VI. Ta-Jin Kouo ou Tchang-Jin Kouo 大人國或長人國。VII. Kuin-Tsze Kouo 君子國。VIII. Pêh-Min Kouo 白民國。IX. Ts'ing-K'ieou Kouo 青丘國。X. Heh-Tchi Kouo 黑齒國。XI. Hiouen-Kou Kouo 元股國。XII. Lo-Min Kouo ou Kiao-Min Kouo 勞民國或教民國。XIII. Ni-li Kouo 泥離國。XIV. Pei-Ming Kouo 背明國。XV. Youh-i Kouo 鬱夷國。XVI. Han-ming Kouo 含明國。XVII. Wou-ming Kouo 吳明國。XVIII. San-Sien Chen 三仙山。XIX. Lieou-Kieou-Kouo 琉球國。XX. Niu-Jin-Kouo 女人國。就中扶桑國考證一篇，爲最著名。

(二三)戈爾迭(Henri Cordier)：扶桑問題的實情(Etat actuel de la Question du Fousong)見一八九六年巴黎美洲人會雜誌第一號頁三三至四一。

(二四)拉庫柏利(Terrien de Lacouperie)關於高麗，蝦夷與扶桑之研究(On the Corean.

Aïno and Fusang)見一八九二年十二月通報第三分頁四四九至四六五。

(二五)中國人發見美洲問題(L'Amérique a-t-elle été d'ecouverte par les Chinois?)見 Intermediaire des chercheurs et curieux, XX, 9, 87, 109, 138, 307, 364, 557。

(二六)諾森提尼 (Lodovico Nocentini) 美洲的發見歸功於中國人 (La Scoperta dell' America, attribuita ai Cinesi)在一八九二年熱那亞 (Genova) 之意大利第一次地理會議,刊於一八九四年卷首頁三一二至三二三。單行本共十二頁。又一八九四年七月通報第五卷第三分頁二九一至二九八有希勒格(G. Schlegel)的批評,一八九四年十月諾森提尼發表答覆,見東方報 (L'Oriente) 頁二四八至二五〇,希勒格的答覆,見通報第六卷第一分頁八五至九二。

(二七)夫累斯庫拉 (Bernardino Frescura) 所謂扶桑 (Il Fusang) 見一八九三年六月 Bull della Sezione Fiorentina della Soc. Africad, Italia, IX 頁五一至六一。

(二八)馬斯忒 (Rev. Frederick J. Masters) 是否中國人發見了美洲(Did a Chinaman Discover America?)見一八九四年五月 Bul. Geog. Soc. California 卷二頁五九至七六。

(二九)夫賴爾(John Fryer)哥侖布前一千年佛教徒之發見美洲 (The Buddhist Discovery of America a thousand years before Columbus) 見哈爾柏月刊(Harper's Monthly Magazine) 一九〇一年七月號頁二五一至二五八,案夫氏爲 California 大學教授,本篇實爲

文寧(Vining)以後，主張扶桑即美洲說的重要論文。

(三〇)荷普士(Johannes Hoops)，希勒格對於扶桑問題的解釋(Schlegels Lösung der Fu-Sang-Frage) 見一八九三年 Globus 第六十三册頁七四至七七。

(三一)木神博士(Ryozaburo Sakaki)關於扶桑國的新解釋(Une nouvelle interprétation du pays de Fou-Sang) 見 Wien, Verhandl. 第十四，Amerik, Kongr., 一九一〇年頁三五至五〇。

(三二)派梭蘭卡(Professeur Panduranga S. S. Pissurlancar)古代印度人發見美洲的研究(Recherches sur la découverte de l'Amérique par les anciens hommes de l'Inde)，一九二〇年 Sanquelim-Goa 出版共二十二頁一九二一年伯希和(P. Pelliot)在通報第二十卷第二分頁一五五至一五七曾加以批評，並兼指出章炳麟氏「法顯發見西半球說」的錯誤。

由上戈爾遜(Cordier)中國字書目所列，關於哥侖布前一千年中國僧人發見美洲說，即扶桑問題的討論，重要論文及專書，已有三十餘種，關於這論文及專書的批評，尚不在內。這裏可注意的，就是參加這種討論的，有法、美、俄、德、英、意、荷、日、印度各國學者，卻沒有一篇中國人的論著，可見我們對於這個大問題，未免太忽略了。第二可以注意的，就是從漢學元祖歧尼氏(De Guignes)提出這個問題以後，各有名的漢學家，如戈爾遜(Codier)，伯希和(Pelliot)，希勒格(Schlegel)等，無不參加，可見此問題之嚴重性。第三可注意的，就是參加這次討論的，一方面有歧尼，留曼（Neumann），李南得（Leland），文寧（Vining）等主張扶桑即美洲的肯定說；一方面有克拉卜洛特（Klaproth），布利側耐德（Bretschneider），希勒格（Schlegel）等極力反駁扶桑即美洲的否定說，這兩方的爭論，竟達到一百六十年之久，至今尙未解決。這種研究的態度和精神，是很值得我們欽佩的。

在戈爾逖書目以外，還可以數到中日文關於扶桑問題討論的文獻，不過都是無關緊要的介紹文罷了。

（三三）白鳥庫吉：「扶桑國に就いて」見地學雜誌一九之二二五，明治四十年九月。又東亞之光一二卷一二號一三卷三號，大正六年十二月七年三月。

（三四）フライヤ——新說の紹介。見中央公論，明治三十四年九月號。

（三五）桑原隲藏：ヴイニングの「無名のコロンプス」——亞細亞人の亞美利加發見說の紹介。三宅博士古稀紀念論文集頁一四三至一六四。

（三六）希勒格：扶桑國考證見中國史乘中未詳諸國考證卷一頁一至四二馮承鈞譯，民國十七年七月。商務印書館。

（三七）章炳麟：法顯發見西半球說見章氏叢書別錄三頁百〇八至百一一案日本某博士晉の僧法顯南アメリカに至る？日本に來る」見思想昭和四月號。

二

現在先說這個問題的中心論點，即是所謂扶桑問題(Question du Fou Sang)。無論贊成派也好，反對派也好，都是拿紀元五世紀中國史籍所載扶桑國，來作討論的核心的。原來在中國文獻中，記載扶桑一名的，雖有山海經，十洲記等書，但說到扶桑國的，實從梁書（姚思廉撰）卷五十四列傳第四十八（四部叢刊本頁三五至三七）南史（李延壽撰）卷七十九列傳第六十九（四部叢刊本頁七至八）開始。所謂『扶桑國在昔未聞也，梁普通中（紀元五二〇至五二六），有道人自彼而至，其言元本尤悉，故并錄焉』（梁書頁二五南史頁一）(註一)南史所載，又本於梁書，茲將梁書諸夷傳「東夷」所載原文，與南史，文獻通考，太平御覽對校，錄之如下：

（註一）案梁書南史云「扶桑國在昔未聞也」白鳥庫吉「見於大秦傳中的中國思想」（塞外史地論文譯叢第一輯頁一一三）則謂「慧深所述的扶桑國，一如余所論證，全然與山海經十洲記所載的扶桑相同，世間並無此種國家」將正史所載之扶桑國與山海經十洲記所載的扶桑，混爲一談。實與正史「在昔未聞也」之一語，不相符合。

『文身國在倭國東北七千餘里……大漢國在文身國東五千餘里。……扶桑國者齊永元元年（南齊東昏侯永元元年紀元四九九年）其國有沙門慧深，來至荊州，說云扶桑在大漢國東二萬餘里，地在中國之東，其士多扶桑木，故以爲名。扶桑葉似銅南史文獻通考作「桐」而初生如荀南史無「而」字，國人食之。實如梨而赤，績其皮爲布以爲衣，亦以爲綿南史文獻通考作「錦」。作板屋，無城郭，有文字，以扶桑皮爲紙。無兵甲，不攻戰。其國法有南北獄，若犯輕者南史「若有犯輕罪者」入南獄，重罪者入北獄，有赦則赦南獄，不赦北獄者南史無「者」字。男女相配南史文獻通考此句前有「在北獄者」四字，生男八歲爲奴，生女九歲爲婢，犯罪之身，至死不出。貴人有罪，國乃大會南史「乃」字作「人」，坐罪人於坑，對之宴飲，分訣若死別焉。以灰繞之，其一重則一身屛退，二重則及子孫通考作「則身及子孫」，三重南史下有「者」字則及七世。名國王爲乙祁，貴人第一者爲對盧，第二者爲小對盧，第三者爲納咄沙。國主南史作「王」行，有鼓角導從，其衣色隨年改易。甲乙年青，景丁年赤「景」字文獻通考作「丙」字太平御覽卷七百八十四引南史作「丙」，戊己年黃，庚辛年白，壬癸年黑。有牛角長通考同南史「長」字作「甚長」，以角載物，至勝二十斛。有馬車牛車鹿車，國人養鹿，如中國畜牛，以乳爲酪。有桑梨南史通考作「赤梨」，經年不壞，多蒲桃，其地無鐵有銅，不貴金銀。市無租估。其婚姻南史作「其昏姻法則」通考作「其婚法則」，壻往女家門外作屋，晨夕灑掃，「壻」通考作「婿」經年而女不悅，卽驅之；相悅乃成婚，婚禮大抵與中國同南史「婚」均作「昏」。親喪七日不食，祖父母喪，五日不食，兄弟伯叔姑姊妹三日不食，設靈南史通考「靈」作「坐」爲神像通考無「爲」字，朝夕拜奠，不制縗絰南史縗作「衰」，嗣王立三年，不親國事。其俗舊無佛法，宋大明二年（紀元四五八年），罽賓國嘗有比丘五人，游行至其國南史無「至」字，流通佛法經像，教令出家，風俗遂改。太平御覽卷七百八十四引南史作「游行其國始通佛法經教焉」無「風俗遂改」等字……』。

這一條亦爲馬端臨文獻通考卷三百二十七四裔考「扶桑」條所錄，不過通史實以南史夷貊傳爲依據，而非直接取材梁書者。又慧深至中國時，在南齊東昏侯永元元年（紀元後四九九年），而此事「齊書」本史不載（註二）。梁書以後，如「三才圖會」所繪扶桑人取鹿乳之圖，及其說明云『扶桑在大漢國東，作板屋，無城郭。宋武帝時，罽賓有人至其國，其國養鹿爲牛，取乳。』這不消說也是從「梁書」脫胎出來的了。（註三）

（註二）南齊書卷五十八列傳第三十九東南夷傳中有倭國，無扶桑國。惟贊曰「……東夷海外，碣石扶桑；南域景遠，極泛溟滄；非要乃貢，覲亦來呈。」扶桑二字，祇此一見。又格致鏡原木類「桑」字下引梁書此段，誤作齊書，應行更正。

（註三）希勒格(Schlegel)扶桑國考證頁一六謂「三才圖會之著者似自以爲曾見扶桑土人及其畜鹿」；不知三才圖會實有所本，觀其本文可見。

一百六十年來歐美學者所爭論的扶桑國問題，就是從文獻通考卷三百二十七扶桑國的記事裏，發見出來的。最初的發見者，我不得不感謝法國有名的漢學始祖歧尼（De Guignes）他在紀元一七六一年發表『中國人之美洲海岸航行及關於居住亞洲遠東之幾個民族的研究』（Recherches sur les Navigations des Chinois du côté de l'Amérique, Et sur quelques peuples situés à l'extrémité orientale de l'Asie) 這一篇論文，可說是他十年前已有的思想，不過把這意見發表出來　是在一七六一年這篇論文罷了。

岐尼氏的意見，可大要介紹之如下：

（一）倭國就是日本，倭國的東北七千餘里，就是蝦夷（Aino）所住地方，因有黥面文身的習慣，叫做文身國。文身國之東五千餘里，叫做大漢國，這就是現在堪察加(Kamchatka)地方。更向東二萬餘里，地在中國之東，叫做扶桑國，這不得不在北亞美利加大陸上面。就所記扶桑國的物產來說，大致是和北美洲尤其墨西哥相一致的。

（二）從日本北海道經千島，沿堪察加半島海岸，穿過阿留地安羣島(Aleutian)而到達北美洲的西北部，這就是乘坐小船也可以完全達到目的，尤其當容易利用海潮的時候。

（三）美洲的古代文化，先從西海岸方面發達起來，有很多證據，知道是受對岸亞洲大陸的影響。由此事實，可證東亞細亞人，很早就航行北亞美利加的說法，是可以成立的。

岐尼的新說，惹起當時學者的多少注意，但使學界拿作大問題討論的，是當德國東方語言學專家克拉卜洛特（Klaproth）發表反對說以後。克拉卜洛特在一八三一年發表『關於中國文獻中所載之扶桑國，竟被認爲美洲一部之說的研究』（Recherches sur le pays de Fou Sang mentionné dans les livres Chinois et pris mal à propos pour une partie de l'Amérique），這篇論文是反對歧尼的，他否認以扶桑國爲美洲大陸的最大理由，卽依據中國文獻，以爲扶桑國有馬，有葡萄（蒲桃），但在亞美利加洲是沒有這些動植物的。馬和葡萄，直待西班牙人發見新大陸以後，纔輸入本土，單就這一點來說，將扶桑國認爲墨西哥，不是很勉強附會的嗎？

克拉卜洛特以爲倭國卽是日本，文身國當係蝦夷所住的地方，這點和歧尼氏全同。但大漢國卻不是堪察加而爲樺太島（卽庫頁島）。從倭國經文身國而至大漢國，其路程是從日本海沿北海道的西海岸航行，反之從大漢國而至扶桑國的路程，則從北海道沿東海岸南下航行，因此他將扶桑國置於日本的東南部。這就是說，克拉卜洛特認倭國與扶桑國均爲日本國，不過所指的地方不同而名稱不同罷了。雖然這種說法，根本不能成立，但自從他提出反對說以後，和歧尼一派的肯定說，便發生了繼續不斷的相互爭論，扶桑國問題，在十九世紀，甚至於二十世紀，成爲東洋史學界的一個重大問題，如第一節所引戈爾迭「中國學書目」(Bibliotheca Sinica)關於扶桑問題的專著和論文，有數十種之多，就可見這種爭論意義的重大了。

在主張中國僧人發見美洲說之中，於提倡者歧尼以外，最可注意的，就是文寧（Edward P. Vining）在一八八五年出版的『無名的哥侖布或慧深與阿富汗族之佛教團於五世紀發見美洲之證據』(An inglorious Columbus; or, Evidence that Hwai Shăn and a Party of Buddhist Monks from Afghanistan Discovered America in the fifth century)可以說從一七六一年至一八八五年間關於扶桑國的重要學說，無不包括在內。桑原隲藏氏曾於『三宅博士古稀賀紀念論文集『（頁一四三至一六四）中專篇介紹，卽「ヴィニング」の「無名のコロンブス」一篇。並云『關於十九世紀發表扶桑國的論文，可分美洲說與非美洲說之二大派，比較起來，前說實佔優勢。而這主張扶桑國爲美洲說的代表，卽是文寧所著「無名的哥侖布」一書，文寧集先賢所說，更加以自己研究，而成此書。全書共約八百頁，不得不認爲一部傑作』。（頁一四九）現在試將文寧的學說介紹一下，作爲主張扶桑卽墨西哥說的代表。

文寧和其他學者一樣，以爲梁書的倭國，卽今之日本，倭國東北七千餘里，爲文身國。依於文身國風俗生活的狀況，當係阿留地安(Aleutian)羣島埃斯基摩(Eskimo)種族的土地。文身國東五千餘里爲大漢國，卽當於北美洲西北部之阿拉斯加(Alaska)地方。從阿拉斯加卽大漢國向東（＝東南）二萬餘里，地當中國（以荊州爲中心的中國中部）之東的扶桑國，無論從距離，從方位來看，都可推出此地爲北美洲的墨西哥 (Mexico) 地方。加之「梁書」所載扶桑國的風俗物產，大致均與古代墨西哥相同。這就是文寧所得主張的結論。以下試將他怎樣解釋「梁書」記載的要點，逐條介紹之如下：

（1）其土多扶桑木，故以爲名。扶桑葉似桐，而初生如筍，國人食之。實如梨而赤，績其皮爲布以爲衣，亦以爲綿（錦）……以扶桑皮爲紙。

墨西哥地方，從古卽產生龍舌蘭(Maguey-Agave＝Century-plant 百年樹）（註四）一種大樹木，可說是這地方到處生長着的特產。龍舌蘭的樹幹，高度約達三十六尺。這種植物，由墨西哥人看來，實爲一日不可或缺的必需品。墨西哥人的飲料，食物，衣服的材料，及其他日用品的材料，差不多都是從這植物供給的。所以墨西哥人從古以來，卽極看重此種植物，似神一樣崇拜他。原來"Mexico"這個名稱，卽由如下三個名詞組成，而帶着生長龍舌蘭這一種植物的地方的意思。

（註四）案中國植物圖鑑頁一〇三七龍舌蘭爲多年（生）草木，墨西哥原產，博物詞典龍舌蘭葉中之纖維，可織布及充製紙之原料，葉中之汁液，可釀酒，或栽培之供觀賞用。

Me[tl] + Xi[tl] (= Xiuitl) + Co = Mexico

就中國古代的文獻來看，扶桑一名就是東方日出處所生的神木，其產地稱爲扶桑。梁書傳述扶桑國的慧深，大概是將中國遠東卽當日出處所生的龍舌蘭，——在那地方，認爲神木崇拜，且爲該地名稱起源的植物——很隨便地來比擬中國古傳說的扶桑罷！中國古傳說的扶桑國，究在何處！扶桑這個樹木，究爲何等植物，這是另一問題，而要之，慧深將墨西哥地方的龍舌蘭，推定爲中國人所謂扶桑，便不得不將龍舌蘭繁生的地方，稱之爲扶桑國。這種解釋，是很可說通的。

龍舌蘭的樹液，可以製造砂糖，酢，墨西哥人所飲的龍舌蘭酒(Pulque)。這植物的葉形雖和桐不同，卻如桐葉一般大，可用以覆蓋家屋的屋頂。這植物的纖維，可供織精粗各種織物，又可充製紙的原料。梁書記事所云『績其皮以爲衣，亦以爲紙』，實在和龍舌蘭完全吻合的。

在龍舌蘭老幹的周圍，有筍一樣的新芽長着，這新芽的根，和筍同樣地，可以下膳。祇有『實如梨而赤』一語，和龍舌蘭不相一致，這大概是將仙人球（Cactus）一種植物所生好似無花果的果實（Indian Fig），誤認爲龍舌蘭的果實所致。仙人球和龍舌蘭同爲墨西哥的特產，雜生於同一的地質所在，形狀也非常類似。慧深將仙人球的果實誤認爲龍舌蘭的，也不是毫無理由。近代很多歐洲的旅行家，曾發生和慧深一樣的錯誤，Indian Fig 的形狀似梨，顏色大體赤色，這和梁書所記是很相符的。

要之墨西哥所產龍舌蘭，從其特點來說，和「梁書」所載的扶桑相同，別的無論何種植物，決不能具備如龍舌蘭一樣合於扶桑木各種條件的資格。

（2）有文字

古代墨西哥人大體使用象形文字（Hieroglyphie），而這種文字發達得很，差不多有與中國漢字相比擬的程度。歷史不消說了，即如哲學，科學，文學等記錄，也證明了此種文字發達，使用時毫無不足之感。

（3）其國法有南北獄，若犯輕者入南獄，重罪者入北獄。

古代墨西哥，確曾有兩種監獄的區別，這兩種監獄，是否按着南北的位置，因缺乏記載，不易明瞭。但無論如何，如「梁書」所記，收容輕罪者的牢獄，和收容死刑或重罪者的牢獄，這兩種監獄的區別，無疑乎是存在的。

(4)在北獄者男女相配，生男八歲爲奴，生女九歲爲婢。

西班牙人發見新大陸以後，墨西哥一地纔成立了解放奴隸所生小孩的慣例。但在古代，墨西哥也和別國一樣，奴隸的小孩，只能作爲奴隸。依據西班牙人的記載，墨西哥男孩以七歲爲奴隸的年齡，女孩以八歲爲奴隸的年齡。若照中國人習用計算年齡的方法，便和梁書所『說男八歲爲奴，女九歲爲婢』相合。

(5)貴人有罪，國乃大會，坐罪人於坑，對之宴飲分訣，若死別焉，以灰繞之。

墨西哥每村均有地下室（＝坑）爲公共會所，當宗教上政治上或裁判上有重大事件發生的時候，此會所即爲公共集合辦事的地方。又灰責的刑罰，在西班牙人渡來時，墨西哥猶在實行。犯死刑的罪人，照例縛在柱上，覆之以灰，使其呼吸窒息。這在地下室開國民大會以裁判罪人的習慣，和古代墨西哥所行灰責的刑罰，都與「梁書」記事相合。墨西哥以外，這種習慣是很少看見的。

(6)名國王爲乙祁，貴人第一者爲大對盧，第二者爲小對盧，第二者爲納咄沙。

古代墨西哥國王的稱號，早已失傳，拿他來對照解釋「乙祁」這個名稱，是不可能了。第一貴族第二貴族的「對盧」（三國志高勾麗傳亦有對盧一名，卻不一定會和梁書扶桑傳所說「對盧」發生什麼關係）則和墨西哥的「Tecuhtli」這個稱號有關。Tecuhtli 是賜與功績顯著的貴族的最高稱號，或略爲 Teutile，更略爲 Teule。「對盧」就是 Teule 的音譯罷！

Teule 之下有 Tlatoca 貴族的稱號，適用於一般貴族，知縣等階級。梁書的「納咄沙」或卽Tlatoca 音譯之訛。中國人將 Tla 訛爲「la」以「納」字代表，「T」以「咄」字代表，「Ca」以「沙」字代表，合攏起來便是「納咄沙」了。

（7）有牛角甚長

從墨西哥北部到北美合衆國南部，古代棲息着比現今還要偉大的野牛。這古野牛的角，據今日所遺留的實物測量，長約六尺以上，大在二尺以上。梁書所指長角之牛，當卽指此種野牛而言。

（8）多蒲桃

現在美洲所產蒲桃（葡萄），是西班牙人從歐洲輸入的，故如克拉卜洛特(Klaproth)卽根據此點，反對以美利加爲扶桑國。但是在西班牙人渡美以前，美洲有一種野生葡萄，產出很好果實，這是植物學者一致承認的。因此所以梁書蒲桃，也許就是指這種野生的葡萄而言。單就這點，是不足拿來反駁扶桑國卽墨西哥說的。

（9）有馬車

馬和葡萄同樣爲西班牙人從歐洲輸入的，在此以前，一般均認美洲沒有馬的存在（註五）因之將扶桑國擬作墨西哥，這一句話就不能解釋了。但是動物學者，依據於各地方所發現的遺骨，知道在遠古時代，美洲確有馬的種類。西班牙人渡來時，在這大陸上，馬雖已經絕跡，然而一千年前古代的慧深時代，還有馬的存在，也未可知。（註六）或是慧深將別種動物，例如貘(Tapir)之一種，傳於中國人時，稱之爲馬。要之單就馬或葡萄的條件，來反駁梁書扶桑卽墨西哥之說，這不能不說太武斷了。

（註五）謝希傳墨西哥紀略頁三述西班牙人征服墨西哥一段云『墨地無馬，見西兵馬隊，以爲半人半獸，疑天降之神，遂驚走。』案此墨西哥史蹟，詳見 Prescott: The Conquest of Mexico, Vol. 2, p. 328.

（註六）威斯萊(Clark Wissler)著「人與文化」(Man and Culture)頁一一一至一一二，謂依化石動物學者所說，馬在印第安人未來美洲以來，早已絕滅。此說甚有研究價值，今據梁書，乃知紀元五世紀，馬匹文化尙盛行於美洲也。

(10)其俗舊無佛法，宋大明二年，罽賓國嘗有比丘五人，游行至其國，流通佛法經像，教令出家，風俗遂改。

墨西哥，甚至於廣大的美洲大陸，土人們相傳遠古時代——確實的時代，雖不易指出，但可解釋爲慧深與五個比丘時代，卽西曆紀元五世紀時代——保存着一種傳說。卽從海外來了一些偉大人物，傳給他們以新的信仰。這偉大人物所帶來的新信仰，有些學者解釋爲基督教徒所傳的道；可是從其教義來看，很明白地，是佛教徒的傳教無疑。

依據古傳說，這些傳給美洲土人以新信仰的偉大人們的教義，有如下數端：

(一)獨身主義，遠離婦人；

(二)禁酒主義；

(三)其他一般的禁欲主義；

(四)素食主義，排斥肉食；

(五)苦行主義；

(六)平和主義，排斥鬬爭；

(七)隱退主義。

就這幾點，便帶着很濃厚的佛教的色彩。

在這傳佈新信仰於大陸的偉人們中，尤其傑出的，卽在今日土人間，尙傳其盛名的 Wixi-pecocha，與 Quetzalcoatl 二人後者依古代墨西哥語，爲「可尊敬的外來人」，因此解釋爲墨西哥人對於游行其國，流通佛法經像的五人比丘中之名稱，也是很可能的。前者或許就是慧深比丘(Hwui-Shin Bikshu) 的音譯，Wixi 卽慧深，Pecocha 卽比丘，也說不定。

在墨西哥東南海岸附近 Mixteca 地方，稱宗教上最高的領袖，爲 Taysacaa, Tay 土語有人的意思，Sacaa 土語不能解釋，不能不認爲外來語。假如 Sacaa 可認爲外來語「釋迦」的音譯，則 Tay-sacaa 的稱號當與釋子有同樣意義，這可解釋爲古代佛教流行此土的最好證據。其他墨西哥地方及其附近所發現的古代雕刻，都非常類似佛像，由此事實，可見將梁書扶桑國，認爲就是古代的墨西哥，是很有理由的了。

以上爲文寧關於「梁書」本文解釋的概述，此外他更從地理上對於扶桑國，加以新的解釋：

（a）從中國之東海岸，經日本，阿留地安（Aleutian）或阿拉斯加（Alaska）而到達墨西哥的航路，即用古代製造不很完全的船隻，也很容易航行，這是一種事實。

（b）亞美利加古代文化，先從西海岸發達，而且這種文化，非常帶着亞洲文化的色彩，這也是一種事實。

參照這些事實，便可斷定「梁書」的扶桑國，即亞美利加大陸，尤其相當於墨西哥地方。這麼一來，使亞美利加大陸最初發見者的榮譽，便不得不歸於亞洲人之比丘五人了。這種主張，自文寧提出以後，經五十餘年以至今日，還有許多學者不斷地主張中國僧人發見美洲之說。尤其美洲方面的學者爲多。可注意的，就是這些學者，大概都不能跳出文寧主張的範圍。一九〇一年七月發行的哈爾柏月刊（Harper's Monthly Magazine）曾載加利福尼亞大學教授夫賴爾（John Fryer）所著『哥侖布前一千年佛教徒之發見美洲』（The Buddhist Discovery of America a thousand years before Columbus）一篇論文，內容便與文寧完全相同，有的甚至將文寧『無名的哥侖布』原文一部，照樣引用。總之本書舊話重提，介紹紀元五世紀中國僧人發見美洲說，雖有人認爲破天荒的新說，一向聞所未聞，實際則此破天荒的新說，歐美學者既已提倡之於一百六十年前，也就不得不認爲「古已有之」的學說，不足爲奇了。

三

但在這裏應該注意的，就是一方面有如歧尼(De Guignes)文寧(Vining)等主張亞細亞人或中國僧人的美洲發見說，一方面便有許多人，對於扶桑國的問題，也提出異議。固然「梁書」關於扶桑國的記載，有很明白的年代（永元元年），很確實的人物（慧深），而且根據政府報告，而載之正史，當然和那「山海經」「十洲記」荒誕無稽的扶桑傳說，不能混爲一談。但是「梁書」的記載，究竟可靠的程度，到如何地步，這不能不算一個疑問。因此和歧尼同時，曾與歧尼公同討論這個問題的耶穌會士宋君榮(Gaubil)，在其與歧尼書中，卽行反駁中國人曾至美洲說之誤。（見Journal Asiatique, 1832, Vol. X, pp. 390, 392—393)以爲慧深所傳，實不可信，應加以嚴格的批評。而且縱令「梁書」的記事，大體可信，那所說的扶桑國，也不一定就是北亞美利加，尤其卽推定爲墨西哥地方。歧尼發表報告書，乃至文寧發表『無名的哥侖布』以後，有許多學者主張扶桑國應置之於美洲以外，這種反對說，是有應加以注意的價值的。

最初提出反對說的，是德國東方語言學專家克拉卜洛特(Julius Heinrich Klaproth)，其說已如前所述，但希勒格(Schlegel)批評他，認爲『沒有滿足的證明。』（扶桑國考證頁二）

次則布利側耐德 (E. Bretschneider) 於「中國記錄及傳教師雜誌」(Chinese Recorder and Missionary Journal 三卷，一八七〇年十月刊）中有一關於扶桑的論文，但如希勒格的批評『布氏之文，僅討論歧尼 (De Guignes) 及留曼 (Carl Friedrich Neumann) 之說，其討論亦不甚慎重，蓋僅揶揄其論敵，或辯論中國僧人之信實，一如亞善特 (le P. Hyacinthe) 神甫之論，不足以解決一種科學問題也』（同上頁三）所以在反對說之中，不得不推希勒格 (Gustave Schlegel) 一八七〇年在『關於中日的紀錄及質疑』(Notes and Queries on China and Japan) 雜誌中（四卷頁十九）所提出一種關於研究扶桑的建議。卽主張於該雜誌中，搜集並刊布散見於中國書籍中，所有扶桑一地的材料，以決定扶桑的位置。這種方法當然比較科學的了。希勒格以後乃自爲此項工作，取手邊所有的中國書籍，搜求扶桑事蹟，並將搜求的結果，及所得的論斷，於一八九二年發表『扶桑國考證』一篇 (Problèmes géographiques. Les peuples étrangers chez les historiens Chinois.—I. Fou-Sang Kouo, Le Pays de Fou-Sang 馮承鈞譯見中國史乘中未詳諸國考證卷一頁一至四二民國十七年商務）我現在將這一篇，拿來作爲對於中國僧人發現美洲說的反對說的代表。

希勒格的論文，最初在通報 (Toung Pao, 1892) 發表。極力主張扶桑國卽樺太說，從他以後，這扶桑國卽樺太說，遂在學界風靡一時。（參看 Toung Pao, 1902. pp. 183—185) 其中雖有許多不免附會，但仍不失爲反對說中之最有力者。以下試將他怎樣解釋「梁書」記載的要點，分析介紹之如下：

（1）扶桑國

扶桑一地，雖爲歐洲人所未詳，但中國人幾於人盡皆知。中國人對於扶桑，一如對於日本。臺灣，高麗，琉球及東海各島一樣，很早就知道了。日本自己取名扶桑，圖書集成邊裔典列於已詳諸國之內。又如耶穌會士未來中國以前，中國通俗著述，如幼學瓊林，日用便覽等書所列輿圖，扶桑乃在朝鮮之南，這不是證明了扶桑是不待考的地方嗎？又馬端臨文獻通考（四裔考東夷卷三二四至三二七）就地位次序所記各國，先述朝鮮，次述倭卽日本，次述遼東及南滿各民族，乃超越日本海，述日本的北海道，這地中國古稱「蝦夷」，蝦夷之後，記述扶桑，可見扶桑與朝鮮，日本並傳。依希勒格的意思，以爲這扶桑一地，卽是中國名稱的庫頁，日本名稱的樺太，而歐洲地理學者誤稱爲薩哈連（Sakhalian）的便是。

但希勒格怎樣證明牠呢？他依據於山海經卷九海外東經，卷十四大荒東經所記『湯谷上有扶桑』，以爲古代中國人以東海爲日出之處，這就是日本國名所由來。扶桑亦在東方，距大陸較日本爲近，遂以爲日出之地，故淮南子說『日出於暘谷，浴於咸池，拂於扶桑，是謂晨明，登於扶桑之上，爰始將行。』可見中國古說，以東方爲扶桑。扶桑說文作榑桑，許氏釋義云『榑桑，神木，日所出也』。總而言之，皆言日出於東方大樹之後。可無疑也。希勒格這段意思，似極力證明扶桑與日本的關係，但他最有力的證據，乃爲紀元二世紀東方朔所著的『十洲記』，以爲此書敍述扶桑，更爲確實些：

『扶桑在東海之東岸，岸直陸行，登岸一萬里，東復有碧海。海廣狹浩汗，與東海等。水旣不鹹苦，正作碧色，甘香味美，扶桑在碧海之中，地方萬里，上有太帝宮，大眞東王父所治處。地多林木，葉皆如桑，樹長者數千丈，大二千餘圍；樹兩兩同根偶生，更相依倚，是以名爲扶桑。仙人食其椹，而一體皆作金光色，飛翔空立。其樹雖大，其葉椹，故如中夏之桑也。但椹稀而色赤，九千歲一生實耳。味絕甘香美，地生紫金丸玉，如中國之瓦石狀。』

這一段的解釋，據云扶桑爲東海的一島，其中碧海，即今地圖所載的日本海，所生樹，爲Broussonetia papyrifera（按即楮樹），即造紙的樹，實圓，作深紫色，仙人大概即山人之訛。日本史稱蝦夷的山民『登山如飛禽，行草如走獸』，故東方朔說他能夠飛翔空立。紫金爲樺太的出產，已無疑問，至其所產的藍色曜石，一名樺太玉（Krafto-tano），因此扶桑之爲樺太，便很容易證明了。

(2)其土多扶桑木，故以爲名。扶桑葉似桐，而初生如筍，國人食之。實如梨而赤，績其皮爲布以爲衣，亦以爲綿（錦）。

希勒格首先聲明，中國人所述扶桑的距離里數，不足爲憑。要研究扶桑，須取材於地方出產，民族生活，以及其與中國和其他各國的交際關係。關於扶桑地方的出產，依中國著述，載有扶桑一種樹木，和牠可以造紙織布的樹皮。中國造紙的植物很多，楮卽 Broussonetia papyrifera 實爲一種（註一）楮樹高度自八公尺至十五公尺，東方朔的扶桑，當卽楮之別名。因中國文獻所載的扶桑樹實，形同楮實，楮實圓而軟，作深紫色，與扶桑相同。又陳槱負暄野錄『扶桑國出芨皮紙』，威爾斯・威廉(Wells-Williams)給芨下個定義「卽產於北海道的一種植物，其皮可以製紙」；威氏不知從何所本，然謂其產於北海道，則亦不難產於樺太島。又有一種兩島皆產的樹木，名「Ats'ni」，爲楮 Broussontia 之一種，但據雷德 (Leide) 王立植物所收藏的標本來看，或爲榆之一種，榆爲造布之樹，可織其皮爲布以爲衣。又考廣州記，楮皮亦可作氈。

（註一）楮英名 Paper mulberry，和名 Kaminoki, Kazionki、世界樹木字彙云楮、中國、日本產，製紙原料，中國植物圖鑑云楮莖高長十六尺，春夏間開花，淡綠色、果實形如楊梅，晚秋成熟，呈黃色，嫩枝的皮，供製紙的原料。

(3)作板屋，無城郭

三才圖會記載與慧深同。歐洲旅行家所記樺太板屋，據云『其居屋起於山旁，也有起於山上的。鉋板相聯，覆以樹皮。』通報（二冊，四〇三，四〇五，四〇八）所載北蝦夷圖說，亦曾見有板屋之圖。

(4)有文字，以扶桑皮爲紙

據現在所知，樺太實無文字（原註見日本文庫八冊二〇七頁）。其遺俗相傳；紀元十二世紀時，日本英雄義經（Yo-chi tsune）曾得到大神夫婦的歡心，以神女爲妻，因得有蝦夷的寶藏書籍而逃。自此以後，蝦夷文字和陶器製造術，遂以失傳。要問蝦夷人以困難所在，蝦夷人便會訴說，他們沒有書籍，至於祖傳的書籍，均爲義經偸去了。佘伯博士（Scheube）曾於北海道西北的俄徒那耐灣（Oturanai）海灣岩上，見有刻文，據云是古蝦夷遺跡，可見，蝦夷古代是有文字的。

（5）無兵甲，不攻戰

與現在旅行家所述樺太的風俗很相似。蝦夷人實爲愛和平，安靜，親切，謙恭的民族云。

（6）國法有南北獄，若犯輕罪者入南獄，重罪者入北獄。……貴人有罪，國乃大會，坐罪人於坑，對之宴飲，分訣若死別焉。

此處所說刑獄的制度，今已不傳，然活葬罪人的風俗尙在。又蝦夷村落，如有獄訟，卽由村人公共處理，也和慧深「有罪，國人大會」之說相合。

（7）國王爲乙祁，貴人第一者爲大對盧，第二者爲小對盧，第三者爲納咄沙。

中國著作家從沒注意到這些名稱的來源，只要稍加研究，便很容易明白了。這種名稱，原來是古朝鮮語。南史卷七九，舊唐書列傳卷一九九，新唐書卷一四五，述高麗官制，最大的官名卽「大對盧」，此名亦見於後漢書。文獻通考（卷三二五）載晉安帝時（紀元四〇五年）高麗貢使至中國，據云『其大對盧以強弱相陵奪而自爲之，不由其王署置』；可見慧深所述扶桑的大對盧小對盧確有所本，因亦可以證明樺太地方，雖不是高麗的殖民地，卻必爲高麗所同化。惟名爲乙祁的國王，名納咄沙的第三種貴族，則在高麗語中還未發現，蓋因中國史書所記的官名，時代過去，便已不存，這是不足爲奇的。

（8）國王行有鼓角導從，其衣色隨年改易，甲乙年青，丙丁年赤，戊己年黃，庚辛年白，壬癸年黑。

國王衣服每兩年變換一次，這也有所本。宋君榮(Goubil)曾觀察蒙古滿洲的風俗，十干各有顏色，最初十年爲綠色和淡綠色，次爲紅色和淡紅色，又次爲黃色和淡黃色，再次爲白色和淡白色，最後爲黑色和淡黑色，與扶桑王衣服的顏色次序相同。

（9）有牛角長，以角載物，至勝二十斛，車有馬車牛車鹿車，國人養鹿如中國畜牛，以乳爲酪。

三才圖會繪有一扶桑人取鹿乳的圖(圖一)可見扶桑有鹿。今樺太有土人名俄洛尺苛族(Orotsko) 佔全島人口七分之一，即以馴鹿運載其全部家具和漁具等。這些游牧人所用馴鹿，即是慧深所說長角載重之牛，馴鹿 (Cervus taranda 蝦夷名 Tonakai。

（10）有桑梨，經年不壞，多蒲桃，

今考樺太島及堪察加 (Kamtchatka) 地方產生玫瑰果，爲普通玫瑰(Rosa rugosa)及堪察

加玫瑰 (Rosa kamtschatica) 的結實。蝦夷名"Mao"，音讀如毛蝦夷人和堪察加人食之。又考北海道地方產生一種葡萄，色黑味爽，日本人名爲蝦夷葡萄(Yézo budô)，與慧深所說也很相合。

(11)其地無鐵有銅，不貴金銀。(註二)

(註二)案歐洲人初發現美洲時，亦無鐵，當地土人除 La plata 近旁民族有鐵造的箭頭外，其餘的人，絕不知鐵爲何物。中美的民族在青銅時期，異常強盛，而北美仍是純銅時期的文化。見王進展編史前文化概論第七章美洲史前文化。又歐洲人發現美洲，其目的乃在金鑛，此亦美洲多金之證，決不在樺太島下也。

東方朔十洲記云『扶桑地生紫金』這和樺太一地，完全相合。試舉謝波德 (von Siebold) 所記荷蘭旅行家的話爲證。據云『他們以最美的水獺皮，換我船上的一個舊斧』，『雖給他們以很多銀錢，他們不受，寧願取鐵』。這當然因爲『山中產銀很多』的緣故了。

(12)其婚姻壻往女家門外作屋，晨夕灑掃，經年而女不悅卽驅之，相悅乃成婚，婚禮大抵與中國同。

圖一 三才圖會

現在對於樺太島蝦夷的家庭生活，和婚姻儀式，所知很少。但據謝波德（von Siebold）博士的記載，蝦夷人婚姻的困難，和別處男子一樣。男大欲婚，須先納聘禮於父母，村長給男子以鎧甲（Bettsi），纔定了婚。男子娶妻，常在百里以外，爲接近女家，須於附近造一臨時住屋，又同樣風俗，亦見於堪察加地方的依突門族（Itulmens）。據史特萊（Steller）說，男子服役女家一年至四年，女悅便成婚，否則趕走。然則慧深的話，是確實的了。

（13）親喪七日不食，祖父母喪五日不食，兄弟伯叔姑姊妹三日不食。設靈爲神像，朝夕拜奠，不制縗絰，嗣王立三年不視國事。

謝波德（von Siebold）所述蝦夷的喪禮，似較爲嚴重，父喪，子守制一年至三年不等。佘伯（Scheube）氏說蝦夷喪期不等，可見慧深所說三日至三年，當係概括而言。至於靈位的設立，據北蝦夷圖說所載，在家旁用板起造祀堂，高二尺，置死者尸體，堂設神主，祭以魚煙等物。

就中最可注意的，就是希勒格在以梁書爲根據以外，更從圖書集成方輿彙編邊裔典卷四十一引梁四公記杰公所述『扶桑蠶』的一段故事，以證明樺太的出產。實則梁四公記支離附會，全然出於揑造，希勒格引此，轉足以喪失其本文考證的價值。又最重要的，如關於罽賓國比丘五人游行其國流通佛法經像一節，竟輕輕放過，不加以一字的說明，這可以說是本文的最大缺點，也是我們現在應加以批評之批評的地方。

四

由上所述歧尼（De Guignes）與文寧（Vining）主張扶桑卽墨西哥說，克拉卜洛特（Klaproth）與希勒格（Schlegel）主張扶桑卽日本或樺太說，兩說均能持之有故，言之成理。但有可注意的，就是兩說的爭論點，第一不在倭國，倭國爲日本，兩說均無問題。第二不在文身國，克拉卜洛特與歧尼均以文身國當蝦夷所住的地方。（希勒格以千島羣島中之得撫島 Ouroup，當文身國；歧尼則以爲文身之文，僅北海道中有之。）第三不在大漢國，希勒格與歧尼所持之說相同，卽認大漢國應在今之堪察加地方。（見希勒格：大漢國考證。中國史乘中未詳諸國考證卷五頁六十五。）但可怪的，就是在反對說方面，既承認梁書所記由倭國至文身國，由文身國至大漢國的路程，而對於由大漢國至扶桑國的距離里數，則認爲「過度的距離」「吾人切勿輕信」（扶桑國考證頁一）這是第一個不可解。復次克拉卜洛特將扶桑國置於日本之東南　希勒格則以扶桑爲樺太，置之於北海道之北，兩說必有一非。假定希勒格之說爲是，則大漢國既在堪察加地方，扶桑卽樺太島，乃在大漢國之西南，與梁書及三才圖會所說「扶桑在大漢國東」完全不合，這是第二個不可解。復次扶桑國與大漢國的里數距離，據梁書「在大漢國東二萬餘里」，此大漢國接承上文當然爲在中國之東的大漢國，而非如希勒格所指在中國西北之大漢國。（按西北大漢國在西比利亞，見扶桑國考證頁三十九。）然而梁書，南史，與文獻通考等書，既列有大漢國，則按里計算，扶桑自在美洲。因此希勒格乃不惜以指鹿爲馬的技倆，以中國西北之大漢國，計算扶桑的路程，而置中國之東的大漢國於不加討論之列，這是第三個不可解。最有趣的，就是希勒格認大漢國有二，一在中國之東，一在中國西北，以爲慧深所說「扶桑在大漢國東二萬餘里」，乃指中國西北之大漢國，他引新唐書（卷二一七下斛薛條下）爲證，不知新唐書分明說『大漢者處鞠之北……與鞠俱鄰於黠戛斯，劍海之濱，皆古所未賓者。當貞觀逮永徽（紀元六四九至六五〇年間），奉貂馬入朝。』這從古所未賓的大漢國，到了紀元六四九至六五〇年纔爲中國人所知，慧深在紀元四九九年卽已知道有此一國，並據之以計算其與扶桑的距離，可謂有先知之明，這是第四個不可解。復次據文獻通考卷三百二十四，四裔考引杜氏通典邊防總序李淳風注『歷代史倭國一名日本，在中國直東，扶桑復在倭國之東，約去中國三萬里，蓋近於日出處』。此段敍述扶桑之地理位置，最爲確實。使我們知道扶桑乃在倭國之東。但如希勒格以樺太當扶桑國，則扶桑乃在倭國直北。與李淳風所述歷代史所記，不能相合，這是第五個不可解。復次希勒格認中國對於扶桑，人人皆知，圖書集成邊裔典列於已詳諸國之內，至東方未詳諸國，有君子國，長人國，小人國，白民國，女人國等共三十八國，而無扶桑，可見扶桑不是待考之地。（頁四）他不知道圖書集成邊裔典第四十一卷已詳諸國之內，所列有扶桑國（扶桑部彙考一之二至二之二）也有蝦夷國（蝦夷部彙考之一至二）扶桑國和蝦夷國決非一國，圖書集成編者認此兩國，均可無待考證，然而扶桑之非卽樺太島與蝦夷所住之地，也就很明白了，這是第六個不可解。因有此種種疑問，使我對這扶桑問題，發生了重新估定價值的勇氣，我的結論，很明白地是傾向於主張扶桑卽墨西哥說的。

現在試以文寧代表扶桑卽墨西哥說，以希勒格代表扶桑卽樺太說，試將兩種不同的解釋，綜合比較一下：

（例一）扶桑木

文寧以扶桑木當墨西哥之龍舌蘭（Maguey）說甚可通，希勒格以扶桑木當北海道所產之楮（Broussonetia papyrifera），說卽不合，因產於北海道者，不必卽產於樺太島。我們知道蝦夷人因爲衣料的缺乏，所以利用魚皮爲衣服以外，還須購衣服於日本人呢！（見希勒格考證頁三四）。

（例二）居室

樺太島現有板屋，如旅行家所記，當係事實，但在紀元五，六世紀時代有無板屋，則成爲問題。希勒格曾據日本文庫八册二二頁引日本記所載，紀元六五九年（唐顯慶四年），日本貢使同二蝦夷人入朝，唐高宗與日本貢使的問答如下：（問）此蝦夷人國在何處？（答）在日本西北。（問）種類有幾？（答）種類有三：一爲番夷，一爲生夷，一爲熟夷。這是熟夷，逐年入貢。（問）國有麥否？（答）無麥，國人食肉。（問）有居屋否，（答）居於山中樹穴之內。問答畢，蝦夷乃進獻鹿皮一，弓一，箭八。據日本貢使所述番夷，蓋指樺太的蝦夷，生夷乃指北海道北部的蝦夷，熟夷乃指南部的蝦夷。（希勒格原文頁三十七）由這一段看來，則知在紀元五六世紀時代，蝦夷中的熟夷，尙未有居屋，住於山中樹穴之內，熟夷如此，番夷可知，番夷卽樺太的蝦夷，而謂其此時能作板屋，實係妄想之至。

（例三）文字

墨西哥古代文字發達，其圖畫文字，發展到很高的程度，在西班牙人發見此地時，這種文字已由表意法進到標音法的階段，而且有很多書籍，如曆書 "Tonalamatt"（卽擇日的書）便是好例。至於樺太本無文字，其傳說蝦夷文字書籍，爲日本英雄義雄（Yochi-tsune）所偸取，乃係十二世紀時事，距慧深時代已遠，且係神話，不足爲憑。卽云現今刺於樺太女人臂上，及男子所用兵器像具上，所繪文字，如∧⊥一×⊢‖‖（見希勒格原文頁二十五）亦不過一種幾何式的花紋和原始藝術的圖案而已，雖似可以羅馬字拚音，實際此種記號或數目語，算不得文字之成熟狀態，也就算不得文字，卽從表面形態上觀察，如∧⊢—×⊢‖∧=∧=S ⊢=a —=u ⊥=O ‖=Yu —=u ∧=S ㄨ=ts ‖=aa，案海南島志『黎人無文字，……其契約方法，削竹一片，用刀或墨畫紋其上，略如〔×‖×‖‖〕之類，畫後剖而爲二，各有其一』；樺太文字不過這海南島黎人一類的數目記號罷了。

（例四）武器

梁書慧深所述『無兵甲，不攻戰』，似與樺太民風相同，但據我研究的結果，古代樺太，不但有兵甲，而且爲善戰的民族。希勒格引一八五九年刊蝦夷漫畫一册，繪有蝦夷酋長引弓插矢於髮之圖。又據圖書集成邊裔典第三十三卷日本部彙考一之九又第四十一卷蝦夷部彙考之二，均載永徽初（紀元六五〇年）日本王天智立，明年使者與蝦夷人來朝。據云『蝦夷亦居海島中，其使者鬚長四尺許，珥箭於首，令人戴瓠立數十步，射無不中』。又據邊裔典所錄日本傳，記蝦夷來朝事有云：『蝦夷海島中小國也，其使鬚長四尺，尤善弓矢，插箭於首，令人載之而立，數十步無不中者。唐顯慶四年（紀元六五九年）十月隨倭國使至入朝』。（太平御覽卷七百八十一蝦夷國同此）。蝦夷人有弓矢，善射擊，史有明文，那末我們還能說他『無兵甲，不攻戰』，這不是很大的矛盾。

（例五）刑罰

墨西哥古代確有兩種監獄的區別，樺太則刑獄之制，今已不存，無從考據。又灰責的刑罰，亦爲墨西哥所特有，他處所無。

（例六）官制

「對盧」一名，已見後漢書三國志高勾麗傳等，慧深不過借用此固有名詞來對譯扶桑國貴族"Teule"的稱號而已。這種以固有名詞音譯外來語的方法，在佛經譯書界實有前例可尋，卽以傳說中之「扶桑」譯「前所未聞」之扶桑國，亦爲同書先例，不足深怪，更不能因此便斷定扶桑必為高麗所同化。又如高麗語中不能發現名「納咄沙」之第三貴人，而在墨西哥則有"Tlatoca"一名相當。

（例七）動物

梁書所載『有牛角甚長，車有馬車牛車鹿車』，但就希勒格的考證，似祇有鹿車，卽以馴鹿駕橇，而牛車又卽是鹿車，故云「慧深所說長角載重之牛，蓋指馴鹿而言」（頁二十六）如此則鹿車與牛車不辨，是一大疑點。馬車之有無，更無一字提及。案魏志東夷傳載倭國無牛馬，則在慧深時代，而謂樺太有馬車牛車，當然很成問題，所以希勒格依據樺太的動物出產，實尚不足以證明其卽為扶桑國也。

（例八）文化

最重要的一點，卽是梁書所說『其俗舊無佛法，宋大明二年罽賓國嘗有比丘五人，游行至其國，流通佛法經像，教令出家，風俗遂改』。這一段於樺太一地卽中國名稱之庫頁島，實無足徵，因此希勒格對此也一字不提，樺太島的蝦夷，至今榛榛狉狉，尚在石器時代，把牠比擬慧深時代的文化可謂牛頭不對馬嘴。反之就墨西哥來說，則古代文化發達，所謂南北美洲，古皆荒土，獨墨西哥在昔已自立國，有廢城為數千年遺跡，時代邈遠，莫可稽考』（謝希傅：墨西哥述略，通學齋叢書頁三），其古代文化可參閱大英百科全書（Encyclopaedia Britannica 第十四板第五册 "Central America," p. 128-130. "Ethnology," p. 130-132, "Archaeology"。又第十六册 "North America," p. 507-508. 又古蹟可參閱第十五册 "Mexico," p. 382-384, 第五册 p. 130 第十六册 p. 508, 等所載）可注意的，就是墨西哥的文化，實始於紀元五世紀以後。依（1）大英百科全書說；托爾泰克人(Toltec) 在墨西哥中部所傳的文化，是始於紀元七五二年所建王國，終於一〇七〇年，而後有阿斯泰克人 (Aztec) 與馬耶人 (Maya) 繼起。(見同上第五册頁一二九)(2)克拉維黑羅 (Clavigero) 說：托爾泰克人起於 Anahauc，是當紀元六四八年，終於一〇五一年。(見 Prescott: The Conquest of Mexico, Vol. I, p. 51. 萬人叢書本)(3)因忒利荷契 (Intlilxochtl) 說：托爾泰克人的文化史，是始於紀元五一〇年，終於九五九年。(見 Alexander: Mythology of all Races, Chap. II, Mexico, p.107.) 要之各說雖有不同，但以時代考之，均在慧深所說紀元四五八年（宋大明二年）之後，托爾泰克文化爲阿斯泰克文化與馬耶文化之起源，這不是證明了美洲最早發生的墨西哥文化，無論從何點來看，均爲從紀元五世紀中國僧人傳播所得的成果嗎？而且就其文化性質上說，實帶着很濃厚的佛教色彩，這種確鑿的證據，使我們不得不相信墨西哥與中國僧人的關係，因之扶桑國卽墨西哥說，也就一點沒有疑義的了。

墨西哥文化的重要性，愈到現在而愈爲明瞭。斯賓格勒(Spengler)著『西歐之沒落』(Der Untergang des Abendlandes 2 Bde, 1918-1922) 第二卷中，曾舉出九個高等文化，卽（1）埃及文化，（2）巴比侖文化，（3）印度文化，（4）中國文化，（5）希臘羅馬文化，（6）亞拉伯文化，7）墨西哥文化，（8）西歐文化，（9）俄羅斯文化。墨西哥文化即爲九個高等文化之一。又湯俾（Toynbee）在『歷史研究』（A Study of History）第一册（頁一三一至一三二）分世界文化爲二十一單位，其中如安達（Andean）文化，馬耶（Mayan）文化，愈加達（Yucatic）文化，墨西哥（Mexico）文化四單位，皆爲美洲原住民文化。而以墨西哥文化爲中心，雖然這一系文化不久中絕，但溯其來源，實中國的文化所傳播。希勒格在『泥離國考證』中，曾證明了中國在紀元前即已聲望所致之地甚遠。而嘆息於今之考證學者「力持中國民族非古之說，務求所以排擠之法，此風現盛行也」（中國史乘中未詳諸國考證卷十三頁一〇七至一〇八）；希勒格若使明白墨西哥文化和中國的關係，知道中國在紀元五世紀時，其影響已遠至墨西哥者，那末何至於以樺太附會扶桑，而務求所以排擠中國文化發展的可能性呢！希勒格如在，請爲我下一轉語來！

五

但以上所述，都不過就梁書卷五十四東夷傳扶桑國的考證，拿來作比較的研究，我以爲最徹底的解決方法，仍不得不從搜集和批評關於扶桑國史料的方法上着想。希勒格雖曾從事這種工作，但關於搜集扶桑一地的材料則有之，批評這些新異材料的能力，則尚欠缺乏，因此不能不說是他一大缺點，同時也是使他結論陷於錯誤的重大原因。爲挽救這種缺陷起見，我主張須先將希勒格所搜集的材料，下一個史料的考訂工夫。

第一就扶桑史料的系統來說，顯然可以分爲兩種，其一是正史的系統，其二是野史的系統。歧尼(De Guignes)文寧(Vining)等主張扶桑卽墨西哥說，所根據的是正史的系統。希勒格(Schlegel)主張扶桑卽樺太島說，所根據的是野史的系統，試將這兩種史料列表如下：

(1)正史

梁　書（卷五十四列傳第四十八東夷傳）南　史（卷七十九列傳第六十九夷貊傳下）文獻通考（卷三百二十七四裔考。）

(2)野史

山海經（卷九海外東經 卷十四大荒東經）十洲記（卷一百之十 漢魏叢書內）梁四公記（見圖書集成邊裔典卷四十一）酉陽雜俎（卷十四諾皋記上。）

就中如明人所著『三才圖會』，述『扶桑在大漢國東，作板屋，無城郭。宋武帝時，罽賓有人至其國，其國人養鹿爲牛，取乳』；完全依據正史所載。又太平御覽卷七百八十四，四裔部五，東夷五「扶桑國」條，完全抄錄南史，均可附之正史的系統。又圖書集成方輿彙編邊裔典第四十一卷扶桑部彙考所載梁書東夷傳及三才圖會外，有山海經，十洲記，梁四公記，鼠璞（南宋末戴愼撰「扶桑」一條見卷一頁八至九學津討原第十三集本）等書，均屬野史的系統，爲希勒格所取材。因爲兩種史料的系統不同，所以梁史南史的扶桑國，竟可以說是「在昔未聞也」，以示與山海經，十洲記所述不同。因此所以我們不能不承認根據正史系統所主張的扶桑卽墨西哥說，爲較爲正確；而根據野史系統所主張扶桑卽樺太島說，未免有涉於附會之嫌。試舉例如下：

（例一）希勒格引東方朔海內十洲記，以決定扶桑之地理位置。（頁一三，三八）不知十洲記雖題爲東方朔撰，實乃「方士竊虛失志，藉以震眩流俗，且自解嘲之作」。（魯迅語，見中國小說史略頁四五至四六）其書記祖洲，瀛洲，玄洲，炎洲，長洲，元洲，流洲，生洲，鳳麟洲，聚窟洲等十洲所有物名，大旨不離神仙。如在扶桑之前一節，記方丈洲云『上專是羣龍所居，有金玉琉璃之宮，三天司命所治之處，羣仙不欲昇天者，皆往來此洲』。又後一節記蓬萊山云『上有九老丈人，九天眞玉宮，蓋太上眞人所居，唯飛仙有能到其處耳』（漢魏叢書第一百之十頁九至一〇）如此誕妄不經之書，而可以決定扶桑的地理位置，則如明之神魔小說西遊記，也可以拿來作爲中亞地理的教科書了，豈有此理？

(例二)希勒格引梁四公記杰公語，以證明扶桑蠶的存在，原文如下：
『梁天監中，有蜀闖，䫻杰，䬀䵻，仉䏌四公，謁武帝……杰公嘗與諸儒語及方域云，東至扶桑，扶桑之蠶長七尺圍七寸，色如金，四時不死，五月八日嘔黃絲，布於條枝而不爲繭。脆如綖，燒扶桑木灰汁煮之，其絲堅韌，四絲爲係，足勝一鈞。蠶卵大如燕雀卵產於扶桑下，齎卵至勾麗，蠶變小如中國蠶耳。其王宮內有水精城，可方一里。天未曉而明如晝，城忽不見，其月便蝕，俄而扶桑國使使貢方物，有黃絲三百斤，卽扶桑蠶所吐，扶桑灰汁所煮之絲也。帝有金爐重五十斤，係六絲，以懸爐，絲有餘力。又貢觀日玉，大如鏡，方圓尺餘，明澈如玻璃，映日以觀見中宮殿，皎然分明。帝令杰公與使者論其風俗土地物產城邑山川，並訪往昔存亡。又識使者伯叔兄弟，使者流涕拜伏』。
這完全是一派神話，爲六朝鬼神志怪書的特色，而怪誕處，更有過於張華博物志，當然不足認爲信史。布利側耐德(E. Bretschneider)和希勒格同樣反對扶桑在美洲說，但對於此段所載，亦以爲純爲中國沙門所臆造。(見其所著 Fusang, or Who Discovered America? p. 3)梁四公記說女國更爲誕妄，當時人認爲祇是鄒衍九州，王嘉拾遺之談，希勒格在女國考證，也不信其說，這就可見以上面不可靠的史料來證明扶桑出產，是毫無價值的了。

野史資料中尙有晉王嘉的拾遺記，卷三(見祕書二十八種第八冊卷三頁三)載『扶桑東五百里有磅磄山，上有桃樹百圍，其花青黑，萬歲一實』；這當然也是神話。希勒格於考證泥離國，背明國，鬱夷國，含明國，三神山等地，均以拾遺記爲依據，此則絕未提及，似知其不可信，然而希勒格的考證價值，亦可於此見之。又晉葛洪枕中書（漢魏叢書一百之十頁五）『扶桑大帝，住在碧海之中，宅地四面並方三百里，上有太眞宮，碧玉城萬里，多生林木，葉似桑。又有椹樹長數千丈二十圍，兩相根偶生，更相依倚，名爲扶桑宮第，象玉京也。衆仙無量數，元洲方丈諸羣仙未昇天者在此，去會稽岸六萬里，太淸仙伯太上丈人所治』。此段神話，本於海內十洲記，其無價值相同。盧秉鈞校刊此書云『洪此書自云得授上眞，亦有元始四刼二刼，玉京扶桑之論，與道經相應』。知道野史的系統。純爲神仙家言，則此種資料，其不足證史，也不待詳證而自明了。

第二就扶桑史料的演變來說，我們很可以利用民俗學的方法，來研究關於扶桑傳說的演變。因爲扶桑史料有兩大系統，屬於正史系統的如梁書，南史，文獻通考等記載，均有確定的時間（齊永元元年），確定的人物（沙門慧深），確定的地方（來至荊州），所以可算文獻學的史料。次之屬於野史系統的如山海經，十洲記，梁四公記，酉陽雜俎等記載，均不過出於寓言，屬於傳說的範圍，所以可算民俗學的史料。文獻學的史料應用文獻學的方法來整理，民俗學的史料，即當應用民俗學的方法，即「層累地造成傳說」的方法來整理。這種方法崔述考信錄釋例中曾應用之以研究戰國的傳說，馬克思派的柯祖基（Kautsky）在『基督教之基礎』中（頁一五九至一六一）曾應用之以研究福音書中奇蹟的演變；胡適之顧頡剛氏曾應用此種方法來整理傳說中的中國古史，均有相當成績。我們現在也很可以利用牠來研究一下關於扶桑傳說的一切新奇史料。就我研究的結果，以爲扶桑傳說的演變，實可分爲三大時期：

第一期　以扶桑爲一種神木，日所拂的神木，可以離騷，山海經爲代表。案吳其濬「植物名實圖考長編」卷二十二「扶桑」一條，知中國南部確有此木。南方草木狀朱槿花莖葉皆如桑，葉光而厚，樹高止四五尺，而枝葉婆娑。自二月開花至中冬卽歇，其花深紅色，五出，大如蜀葵。有蘂一條，長於花葉，上綴金屑，日光所爍，疑若焰生一叢之上，日開數百朵，朝開暮落，插枝卽活。出高涼郡，一名赤槿，一曰日及。嶺表錄異朱槿花莖葉皆如桑樹，葉光而厚，南人謂之佛桑，樹身高者止於四五尺。本草綱目李時珍曰，扶桑產南方，乃木槿別種，枝柯柔弱，葉深綠，微澁如桑，其花有紅黃白三色，紅者尤貴，號爲朱槿。嶺南雜記扶桑花粵中處處有之，葉似桑而略小，有大紅，淺紅，黃三色。大者開泛如芍藥，朝開暮落，落已復開，自三月至十月不絕。佛桑與扶桑正相似，而中心起樓，多一層花瓣。南越筆記佛桑一名福桑，又名扶桑，枝葉類桑。花丹色者，名朱槿，白者曰白槿。有黃者，粉紅者，皆千葉，婀娜如芍藥而小。一曰花上花，花上復花者重臺也。其朱者可食，白者尤清甜。等書均有記載又圖書集成博物彙編草木典第二百九十五卷扶桑部彙考有扶桑圖（圖二）以山海經大荒東經云，大荒之中有山，名曰孽搖郡羝，上有扶木柱三百里，其葉如芥，註扶木卽扶桑。淮南子扶木在揚州，日之所曊。之扶木，嵇會南方草木狀之「朱槿」，段成式酉陽雜俎之，「桑槿」，霏雪錄，荔枝譜，瓶花譜，瓶史，清漳志之「佛桑」當之，可見是一種實物，但這實物的扶桑木，傳入詩人小說家手中，便變成神話了。許愼說文『榑，榑桑神木，日所出也』。又叒日初出東方，湯谷所登榑桑，叒木也』桂馥義證卷十八（頁一至二）引王觀國曰榑桑即扶桑也。這裏以扶桑木爲神木，實有所本。本於屈原的離騷。案楚音離騷云『飲余馬於咸池兮，揔余轡乎扶桑，折若木以拂日兮，聊

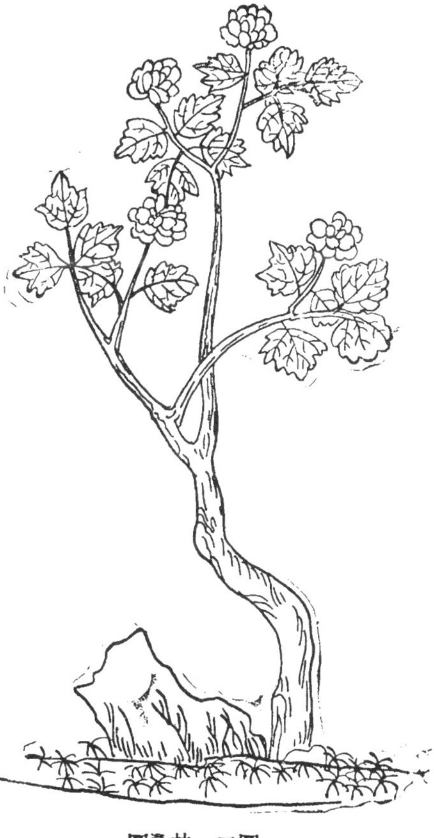

圖二 扶桑圖

逍遙以相羊』；又九歌『照吾檻兮扶桑』這已經帶着神話的意味。朱子集註『咸池日浴處也，扶桑木名，日出其下也。若木亦木名，在崑崙西極，其華光照下地拂擊也』。古逸叢書本頁一〇。

離騷彙訂引王氏云『咸池日浴處也，扶桑日所拂木也。淮南子曰日出湯谷，浴乎咸池，拂於扶桑，是謂晨明；登於扶桑，爰始將行，是謂朏明，言我乃往至東極之野，飲馬於咸池，與日俱浴，以潔己身，結我車轡於扶桑以留日行；得不老延年壽也』。引朱氏云『扶桑若木東西迢隔，大夫豈眞有千百億代身耶？蓋此一章專敍早行暮宿耳，咸池扶桑非以地名，謂日浴咸池時便飲馬，日出扶桑時便總轡也』。總之此處所云日初出東方，所登扶桑，尙爲樹木之名。山海經卷九海外東經云『下有湯谷 郭璞注，谷中水熱也。郝懿行疏，今案楚詞天問亦云，出自湯谷也。 湯谷上有扶桑 郭注扶桑木也，郝疏初學記一卷引此經扶桑，下有木字蓋并引郭注也。 十日所浴 郝疏案楚詞招魂云十日代出，流金鑠石。王逸注云，鑠銷也。言東方有扶桑之木，十日並在其上，以次更行，其勢酷烈，金石堅剛皆爲銷釋也。淮南子墬形訓云，若木在建木西，末有十日其勢照下地高，誘注云若木端有十日狀如蓮華光照其下也。 在黑齒北居水中有大木九日居下枝 郝疏楚詞遠遊云朝濯髮於湯谷兮夕晞余身兮九陽，九陽卽此九日也。 一日居上枝』 郭注莊周云，昔日十日並出，草木焦枯。淮南子亦云，堯乃令羿射十日，中其九日，日中烏盡死。離騷所謂羿焉畢日烏將落羽者也。歸藏鄭母經昔者羿善射畢十日果畢之汲郡竹書曰胤甲卽位居西河有妖孽，十日並出此明自然之異有自來矣。傳曰天有十日日之數十此云九日居下枝，一日居上枝。大荒經又云一日方至一日方出，明天地雖有十日，自使以次弟迭出運照，而今俱見，爲天下妖災，故羿稟堯之命，洞其靈誠，仰天控弦，而九日潛退也。以上見龍溪精舍叢書本，卷九頁三至四 又卷十四大荒東經云『有谷曰溫源谷 郭注溫源卽溫谷也。 湯谷上有扶木 注扶桑在上郝疏枚乘七乘引此經云，湯谷上有扶木，扶木者扶桑也，蓋亦并引郭注之文。 一日方至一日方出 言交會相代也。 皆載於烏』。 中有三足烏見

同上卷十四頁六　這兩段和楚辭文可相參證，其中包含有十日並出的神話，日中有三足烏的神話。此書雖非本楚辭而造，而所載神話，乃較楚辭設想爲高，或亦因秦漢人有所增入之故。然而無論如何，楚辭也好，山海經也好，均認扶桑爲一種神木，日所拂之木。魏陳思王植「升天行」云『扶桑之所出，乃在朝陽谿，中心凌蒼昊，布葉蓋天涯，日出登東幹，旣夕沒西枝，願得紆陽轡，廻日使東馳』晉陶潛『讀山海經』云『逍遙蕪皐上，杳然望扶木，洪柯百萬尋，森散覆暘谷，靈人侍丹池，朝朝爲日浴，神景一登天，何幽不見燭』。所詠扶桑神木仍不出於楚辭山海經的思想範圍。可見最初傳說中的扶桑木，實爲一種樹木，不過是一種神木。秦漢以後小說家言如漢武帝內傳云『神仙上藥有扶桑丹葚』；元中記云『天下之高者，扶桑無枝木焉，上至天，盤蜿而下，曲通三泉』拾遺記云『瀛洲有扶桑，萬歲一枯，其人視之如旦暮也』。扶桑仍爲一種神木，不過依照傳說之層累地演化，而更增加了許多別的神話罷了。

第二期　以扶桑爲日出之所，或即爲日。可以東方朔海內十洲記與梁四公記爲代表。按戴埴鼠璞卷上「扶桑」一條『或謂日出扶桑，以日自東方出耳，猶倭自謂日出處天子耳。山海經多誕不足爲據。楊炯渾天賦謂扶桑臨於大海，太白詩西海栽若木，東溟植扶桑，竟以扶桑爲日。西京賦復與濛記對說』。（學津討原本十三集第二百三十册頁八至九）案西京賦『日月於是乎出入，象扶桑與濛記』；又吳都賦『經扶桑之中林，包暘谷之滂沛』。五臣注云『扶桑暘谷皆日出之所』，後漢書張衡傳『夕余宿乎扶桑，注云扶桑日所出，在暘谷中』。在漢魏六朝時代，扶桑已經不是一種樹木，而爲東方日出處的地名了。東方朔十洲記（漢魏叢書卷一百之十頁九至一〇）描寫這個海外的仙山是：

『扶桑在東海之東岸，岸直陸行，登岸一萬里，東復有碧海，海廣狹浩汗，與東海等。水旣不鹹苦，正作碧色，甘香味美。扶桑在碧海之中，地方萬里，上有大帝宮，太眞東王父所治處。地多林木，葉皆如桑。又有椹樹，長者數千丈，大二千餘圍，樹兩兩同根偶生，更相依倚，是以名爲扶桑。仙人食其椹，而一體皆作金光色，飛翔空立。其樹雖大，其葉椹故如中夏之桑也。但椹稀而色赤，九千歲一生實耳。味絕甘香美，地生紫金丸玉，如中夏之瓦石狀，眞仙靈官變化萬端，蓋無常形，亦有能分形爲百身十丈者也』。

在這裏扶桑已經轉用爲神人所居的仙境了，這裏包含着仙人島的神話，仙人飛昇的神話，仙果異物的神話，大眞東王父的神話（東王父恰好是西王母的對照），祇有紫金丸玉』之說，希勒格以此爲樺太的出產，因而證明了扶桑之爲樺太。不知紫金丸玉，均爲神仙家言。鉛可爲丹，膽可浸銅。張讀宣室志云「韋思玄求鍊金之術，一日有居士辛銳來謁，病癰潰血日甚，方會食，居士溺於筵上，客怒皆起，銳亦告去，忽不見，因視其溺，乃紫金液，奇光燦然，眞曠代之寶』。此卽紫金之說。屈原九章云『登崑崙兮食玉英』其尤甚者，十洲記，抱朴子，博物志，神農本草，均言食玉。「非曰令人長生，卽曰其命不極；非曰神仙不老，卽曰輕身長年」。（章鴻釗：石雅上編頁七十二）此卽丸玉之說。希勒格不明此理，很機械地將十洲記這段寓言，認爲眞正史料，以爲蝦夷的山民，也能如東方朔所說的「飛翔空立」，這眞可謂滑天下之大稽了。

十洲記以外，更可舉者有梁四公記，其中所描寫的扶桑國，有扶桑蠶四時不死的神話，大蠶變爲小蠶的神話，有蠶絲可懸金爐重五十斤的神話。在這扶桑國裏面『其王宮內有水精城，方可一里，天未曉而明如晝，城忽不見，其月便蝕』這是極力描寫扶桑國爲日出之所，而文章的技術，較之十洲記而更爲拙劣罷了。

第三期　以扶桑爲日出處的日本，可以唐段成式的酉陽雜俎爲代表。在漢魏六朝時代，扶桑祇爲日出之所，尙不能決定於何處尋求扶桑，但在唐宋以後，扶桑便成倭國（即今日本）的代名詞了。酉陽雜俎（學津討原第十六集本四部叢刊本）是一部誌怪書。「或錄祕書，或敍異事，仙佛人鬼以至動植，彌不異載，雖源出於張華博物志，而在唐時猶爲獨創之作」。（魯迅：中國小說史略語，第十一篇頁一一七）可是這獨創之作，仍不過小說家言，不足認爲眞正史料，然而希勒格不明此理，竟引這小說的一段，認爲扶桑即是長鬚國了。

『大足初（紀元七〇一年）有士人隨新羅使風吹至一處，人皆長鬚，語與唐言通，號長鬚國。人物茂盛，棟宇衣冠，稍異中國，地曰扶桑州。其署官品，有王長戢波目役島邏等號。士人歷謁數處，其國皆敬之，忽一日有車馬數十，言大王召客，行兩日方至一大城，甲士守門焉。使者導十人入伏謁，殿宇高敞，儀衞如王者，見士人拜伏，小起，乃拜士人爲司風長，兼駙馬。其王甚美，有鬚數十根，士人威勢烜赫，富有珠玉，然每歸見其妻則不悅，其王多月滿夜則大會，後遇會，士人見嬪嬙悉有鬚。因賦詩曰花無蕊不妍，女無鬚亦醜。丈人試遣惣無，未必不如惣有。王大笑曰駙馬竟未能忘情於小女頤頷間乎。經十餘年，士人有一兒二女，忽其日其君臣憂慼，士人怪問之，王泣曰吾國有難，禍在旦夕，非駙馬不能救，士人驚曰，苟難可弭，性命不敢辭也。王乃令具舟，命兩使隨士人，謂曰煩駙馬一謁海龍王，但言東海第三汊第七島長鬚國有難求救，我國絕微，煩再三言之，因涕泣執手而別。士人登舟瞬息至岸，岸沙悉七寶，人皆衣冠長大，士人乃前求謁龍王，龍宮狀如佛寺，所圖天宮，光明迭激，目不能視。龍王降階迎士人，齊級升殿，訪其來意。士人具說，龍王卽令速勘，良久，一人自外白曰，境內並無此國，士人復哀祈。言長鬚國在東海第三汊第七島，龍王復叱使者，細尋勘，速報。經食頃，使者返曰，此島鰕，合供大王此月食料，前日已追到。龍王笑曰，客固爲鰕所魅耳。吾雖爲王，所食皆禀天符，不得妄食，今爲客減食。乃令引客視之，見鐵鑊數十如屋，滿中是鰕，有五六頭色赤大如臂，見客跳躍，似求救狀。引者曰，此鰕王也。士人不覺悲泣。龍王命放鰕王一鑊，令二使送客歸中國，一夕至登州，回顧二使，乃巨龍也』。學津討原第十六集本卷十四諾皋記上頁九至十一

在這裏有女人生鬚的故事，中國士人充長鬚國駙馬的故事，海龍王的故事，鰕精的故事，這當然祇是一種假託的神話，但希勒格所引（見扶桑國考證頁十六）刪去海龍王和鰕精一段，

這在考證方法中，已經不算得誠實，卻要依據於此，來說明『司風長亦扶桑古號之一種，卽中國高麗之諫官』（同上頁三十三），這眞是「像煞有介事」了。至於長鬚國在什麼地方，酉陽雜俎作者，實亦有所本。唐書日本傳有蝦夷人來朝的記載，『永徽初（紀元六五〇年）日本王天智立，明年使者與蝦夷人偕朝，蝦夷亦居海島中，其使者鬚長四尺許，珥箭於首，令人戴瓠立數十步，射無不中』。可見長鬚國卽影射日本的蝦夷島。因爲紀元七世紀時代，有此傳說，故紀元九世紀酉陽雜俎的作者（段成式卒於咸通四年，卽西紀八六三年）能够把他附會起來。自此以後，扶桑已經不是如李淳風所謂『在倭國之東』，扶桑簡直就是日本國了。唐王維送祕書晁監還日本國詩『鄉樹扶桑外，主人孤島中，別離方異域，音信若爲通』。（見全唐詩第二函第八册卷六頁六）徐凝送日本國使還詩『絕國將無外，扶桑更有東』；明僧來復送滎首座還日本詩『揚帆八月挂長風，直遡扶桑碧海東』；僧妙聲送僧歸日本詩『碧海蓬萊外，扶桑日本東，居然成絕域，久矣染華風』。傳說中的仙人島的故事，居然就是日本了。

由上所述扶桑史料的演變，也就是關於扶桑故事的演變，祇要我們根據於這些故事的材料，便自然而然會得到扶桑卽日本或樺太島的斷案。所以希勒格(Schlegel)扶桑國考證所得的結論，只要看他所用的史料的系統，是不足爲奇的。甚至可以說這是當然的結論。然而可惜的就是這種當然的結論，實乃成立於不甚可靠的野史材料上，祇要由上應用民俗學的方法來研究一下，便能重新估定其無何價值了。

六

在我推翻了扶桑即樺太說以後，我們便可以更進一步，來積極證明扶桑即墨西哥說。歧尼(De Guignes)雖首先提出正面建議，文寧(Vining)氏更加以充分的說明，但在某方面看來，仍嫌證據不足。所以希勒格反面的批評，不得不認其有極大的意義。因爲這麽一來，便各方面新奇的材料，都可以搜集起來了。但是眞理因愈辯論而愈加明白，我們的新的建議，實在就是綜合文寧氏與希勒格氏兩不相同的史料系統，而建立綜合的學說的。這種綜合的學說，其結論雖仍承認扶桑即墨西哥說，可是這種新的認定和舊的認定有很大的不同，即這新的認定乃從否定之否定得來。但我們現在怎樣重新根據文獻學的，民俗學的，考古學的各種史料，來證明紀元五世紀中國僧人發見美洲說呢？我在這裏，提出三大證據，即第一證人，第二證地，第三證事，試以次說明之。

第一以人爲證。梁書扶桑傳『宋大明二年（紀元四五八年）罽賓國嘗有比丘五人，游行至其國，流通佛法經像』罽賓國名，見前漢書卷九十六上，即唐玄奘西域記之迦濕彌羅，今之克什彌爾(Kashmir)發音爲 Ki-p'in（參照張星烺：中西交通史料匯篇第六册古代中國與印度之交通頁三四至三五，羽溪了諦：西域之佛教第七章迦濕彌羅國）因在北印度地方，所以罽賓國比丘之航行墨西哥，也可以說是印度人的貢獻。一九二〇年印度人派梭蘭卡（Panduranga S. S. Pissurlancar）曾發表一篇論文，名『關於古代印度人發見亞美利加之研究』（Recherches sur la Découverte de l’Amérique par les anciens hommes de l’Inde” 法國伯希和（Pelliot）於一九二一年通報（Toung Pao）裏面，加以批評。我們知道罽賓國唐時實歸中國版圖，見舊唐書卷一百九十八，新唐書卷二百二十一冊，因此所以歧尼所提出文史學院的報告，竟謂尋究中國古史，曾發現紀元後五世紀時，已有中國僧人至扶桑。將罽賓國比丘，認爲中國僧人，是沒有多大錯誤的。然而無論中國僧人也好，印度僧人也好，總之這一大發見，實爲亞洲人的新貢獻。我們現在的問題，乃在這幾位無名的哥侖布，究竟是怎樣人物，是有怎樣本領，用怎樣方法，居然能够到達了從未發見的新大陸呢。在未解釋這個問題以前，須先注意一下罽賓國與中國的交通情形。據前漢書所載（卷九十六上）：

『罽賓國治循鮮城，去長安萬二千二百里，不屬都護，戶口勝兵多，大國也。……自武帝始通，罽賓自以絕遠，漢兵不能至。……其王……數剽殺漢使。……成帝時，復遣使獻謝罪，漢欲遣使者報送其使。杜欽說大將軍王鳳曰前罽賓王陰末赴本漢所立，復卒叛逆。夫德莫大於有子民，罪莫大於執殺使者，所以不報恩，不懼誅者，自知絕遠，兵不至也。有求有卑辭，無欲則嬌嫚，終不可懷服。凡中國所以爲通厚蠻夷，愜快其求者，爲攘比而爲寇，今縣度之阸，非罽賓所能越也。其鄉慕不足以安西域，雖不附不能危城郭。前親逆節，惡暴西域，故絕不通。今悔過來，而無親屬貴人奉獻者，皆行賈賤人，欲通貨市買，以獻爲名，故煩使者，送至縣度，恐失實見欺。凡遣使送客者，欲爲防護寇害也，起皮山南，更不屬漢之國四五，斥候士百餘人，五分夜擊刁斗自守，尙時爲所侵盜。驢畜負糧，須諸國稟食，得以自贍。國或貧小不能食，或桀黠不肯給，擁彊漢之節，餧山谷之間。乞匄無所得，離一二旬則人畜棄捐曠野而不返。又歷大頭痛小頭痛之山，赤土身熱之阪，令人身熱無色，頭痛嘔吐，驢畜盡然。又有三池，盤石阪道。陿者尺六七寸，長者徑三十里。臨崢嶸不測之深，行者騎步相持，繩索相引，二千餘里，乃至縣度，畜隊未半阬谷，盡靡碎。人墮勢不能相收視，險阻危害，不可勝言。聖王分九州，制五服，務盛內，不求外，今遣使者承至尊之命，送蠻夷之賈，勞吏士之衆，涉危難之路，罷弊所恃，以事無用，非久長計也。使者業已受節，可至皮山而還，於是鳳白，從欽言。罽賓實利賞賜賈市，其使數年而一至云』。

這一段可見漢時中國與罽賓國交通的困難，然而無論如何『險阻危害，不可勝言』，而罽賓國的僧人居然自漢而後，接踵而來，不可勝數。這不是奇蹟，實祇是罽賓國僧人「發憤忘食，履險若夷，輕萬死以涉葱河，重一言而之柰苑」的宗教精神的表現。不信我們請看『高僧傳』所載罽賓國高僧東來中國傳播佛教的史實：

(一)僧伽跋澄　此云衆現，罽賓人。毅然有淵懿之量，尋名師，備習三藏，博覽衆典，特善數經。闇誦阿毗曇毗婆沙，貫其妙旨，常浪志遊方，觀風弘化。苻堅建元十七年（西三八一年）來入關中，先是大乘之典未廢，禪數之學甚盛，既至長安，咸稱法匠焉。……關中僧衆則而象之，後不知所終。（高僧傳初集卷一）。

（二）僧伽提婆　此言衆天，或云提和，音訛故也，本姓瞿曇氏，罽賓人。入道修學，遠求明師，學道三藏，尤善阿毗曇心。洞其纖旨。……苻氏建元中（西三六五至三八五）來入長安，宣流法化……至隆安元年（西三九七）來遊京師，晉朝王公，及風流名士，莫不造席致敬。……提婆重譯中阿含等，罽賓沙門僧伽羅叉執梵本，提婆翻爲晉言。……後不知所終。（同上卷一）

（三）曇摩耶舍　此云法明，罽賓人。……孤行山澤，不避虎兕，獨處思念，動移宵日，常於樹下，每自尅責，於是累日不寢不食，專精苦到，以悔先罪。乃夢見博叉天王語之曰沙門當觀方弘化，曠濟爲懷，何守小節，獨善而已。……覺自思維，欲遊方授道，既而踰歷名邦，履踐郡國，以晉隆安中（西三九七至四〇一）初達廣州。耶舍善誦毗婆沙律，徒衆八十五人。至義熙中（西四〇五至四一八）來入長安，後南遊江陵，大弘禪法，其有味靜之賓，披榛而至者三百餘人。至宋元嘉中，辭還西域，不知所終。（同上初集卷一）

（四）弗若多羅　此云功德華，罽賓人也。備通三藏，而專精十誦律部，爲外國師宗。以僞秦弘始中（西曆三九九至四一六）振錫入關。秦主姚興待以上賓之禮。延請多羅誦出十誦

梵本，羅什譯爲晉文，三分獲二，多羅遘疾，奄然棄世。（同上初集卷二）

（五）佛陀耶舍　此云覺名，罽賓人。年十三常隨師遠行，於曠野逢虎，師欲走避，耶舍曰此虎已飽，必不侵人，俄而虎去，前去果見餘殰。舍善解毗婆沙，以弘始十二年，譯出四分律，凡四十四卷，並出長阿含等，後辭還外國，至罽賓，得虛空藏經一卷，寄賈客，傳與涼州諸僧，後不知所終。（同上初集卷二）

（六）卑摩羅叉　此云無垢眼，罽賓人，沈靜有志力，出家履道，苦節成務。先在龜茲，弘闡律藏，四方學者競往師之。及龜茲陷落，叉欲使毗尼勝品復洽東國；於是杖錫流沙，冒險東渡，以僞秦弘始八年（紀元四〇六年）達自關中，律藏大弘，叉之力也。（同上初集卷二）

（七）佛馱什　此云覺封，罽賓人。專精律品，兼達禪要。以宋景平元年（紀元四二三年）七月，屆於揚州，譯五分律，仍於大部抄出戒心及羯磨文等並行於世，什後不知所終。（同上初集卷三）

（八）曇摩密多　此云法秀，罽賓人也。罽賓多出聖達，屢值明師，博貫羣經，特深禪法。以宋元嘉元年（紀元四二四年）展轉至蜀，自西徂東，望風成化。以元嘉十九年（紀元四四二年）七月六日卒於上寺。（同上初集卷三）。

（九）求那跋摩　此言功德鎧，本刹利種，累世爲王，在罽賓國。……年三十罽賓王薨，……衆咸請還俗，以紹國位，再三固請，不納，乃辭師違衆，林棲谷飲，孤行山野，遁迹人世。……以聖化宜廣，不憚遊方，以元嘉八年正月，達於建業，開講法華及十地，法席之日，軒蓋盈衢。觀矚往還，肩隨踵接。……（同上初集卷三）

以上所列，均為紀元四世紀至五世紀間東來中國傳教的罽賓國高僧，其在五世紀以後，如釋佛陀多羅，釋佛陀波利等，（見高僧傳三集卷二）尚不知其數，以與本題無關，不錄。總而言之，在紀元五世紀及其前後罽賓國僧人之立志遠方傳教，實係事實，如上文所引，我們已可看出幾要點，就是第一這些僧人，皆是宗教天才，均受有極嚴格的宗教訓練與冒險的精神。第二，這些僧人均皆立誓遠方傳教，與十六世紀耶穌會士在洛耀拉(S. Ignatius Loyola)領導之下所謂「地不分遐邇，人不論文蠻，萬里長征，片時無緩」那種傳教的精神，是一致的。第三，這些僧人，均為大遊歷家，其好遊四方的嗜欲，決不在回教徒之下，罽賓國的僧人有不少無名的依賓拔都他，(Ibn-Batuta)祇可惜沒有人去注意他罷了。而且從地理上來觀察，罽賓國至中國的路程，和從中國至扶桑國的路程，在大遊歷家看來，都相差不多。罽賓至中國約萬二千二百里，中國距扶桑國有二萬餘里。這些僧人可以從罽賓國到中國，也就可以從中國到北美洲了。再從時間來觀察，據梁書所記宋大明二年，罽賓國嘗有比丘五人，游行至扶桑，大明二年即紀元四五八年，正是上列各僧人來中國的時候，那末由中國起程，航行至墨西哥，也是很可能的，再次從事實上來觀察，這些僧人據高僧傳所載，許多是「不知所終」，雖然他們回國去的，史有明文，而他們不是回國去的，究竟是到了什麼地方，這就不得不令人發生很大的疑問了。綜合以上各點，我們不是很容易證明了梁書所載，罽賓國僧人一節，完全是適合於歷史事實的嗎？

七

第二以地爲證。案梁書東夷傳所記與扶桑國有關的各國，有倭國，文身國，大漢國等。其原文如下：

倭國……倭者自云太伯之後，俗皆文身，去帶方萬二千餘里，大抵在會稽之東，相去絕遠。

文身國在倭國東北七千餘里。人體有文如獸，其額上有三文，文直者貴，文小者賤。土俗歡樂，物豐而賤，行客不齎糧，有屋宇，無城郭。其王所居，飾以金銀珍麗，繞屋爲塹，廣一丈，實以水銀，雨則流於水銀之上，市用珍寶，犯輕罪者則鞭杖，犯死罪則置猛獸食之，有枉則猛獸避而不食，經宿則赦之。

大漢國在文身國東五千餘里，無兵戈，不攻戰，風俗並與文身國同，而言語異。

在扶桑國條後，記有女國一段：

慧深說云扶桑東千餘里有女國，容貌端正，色甚潔白，身體有毛，髮長委地。至二三月，競入水則妊娠，六七月產子，女人胸前無乳，項後有毛生根，白毛中有汁以乳子，一百日能行，三四年則成人矣，見人驚避，偏畏丈夫。食鹹草如禽獸，鹹草葉似邪蒿而氣香味鹹。(通考缺食鹹草如禽獸數字，薌蒿作邪蒿)。

在這裏，倭國卽今日本，唐書日本傳『咸亨元年，遣使賀平高麗，後稍習夏音，惡倭名，更號日本，使者自言國近日所出以爲名』。元史日本傳『日本國在東海之東，古稱倭奴國，或云更其舊名，故改名日本，以其國近日所出也』。文獻通考三二五卷李淳風敍言云『倭國一名日本，在中國直東』；三才圖會云『日本國卽倭國』，由此可見日本國卽後漢書，魏志，晉書，宋書，南齊書，梁書，隋書所載之倭奴國，倭國，可無待考證。現在的問題，乃在文身國，大漢國，與慧深所說女國的地理位置，知道這些關係，便扶桑國的地理位置，也就容易解決了。

先說文身國。歧尼(De Guignes)氏根據從前荷蘭人的旅行遊記，以爲文身國在日本北海道地方。據云『荷蘭人於其地(北海道)見有鑛地，其色如銀，其土如粉，投水卽溶，此卽中國人所謂水銀也』。(Navigations des Chinois, etc. Mémoires de l'Académie des Inscriptions et Belles-Lettres, Tome XXVIII, p. 506 此引「中國史乘中未詳諸國考證」頁四十五)但據希勒格的「文身國考證」則此種類似水銀的土，實在千島羣島中的得撫島(Ouroup)，島在日本東北，格林威至(Greenwich)線北緯四五度三九分至四六度一〇分及東經一四九度三四分至五〇度二二分之間，東印度公司的維力司船長曾名其島爲公司島(Companyisland)，法人曾據其地稱之爲聯盟島(Alliance)，似此確定文身國的所在，似較歧尼氏更爲眞確的了，不過我們要注意的，就是此種文身的風俗，在原始民族，各地多有，而在日本海方面，倭國亦不出此例。後漢書東夷列傳「倭在韓東南中，依山島爲居，凡百餘國……使譯通於漢者三十許國。……男子皆黥面文身，以其文左右大小別尊卑之差」。魏志東夷傳「倭人依山島爲國邑，舊百餘國，……男子無大小皆黥面文身。自古以來其使詣中國皆自稱大夫夏后少康之子，封於會稽，斷髮文身，以避蛟龍之害。今倭水人好沈沒捕魚蛤，文身亦以厭大魚水禽，後稍以爲飾，諸國文身各異，或左或右或大或小，尊卑有差」。晉書東夷傳，也有同樣記載，可見文身國不過爲日本海各國文身風俗的一種，或卽倭人舊百餘國中的一國，很難決定牠的位置。歧尼氏泛指爲北海道地方，這本沒有錯，希勒格氏卻要更進一步，指實爲千島羣島中的得撫島。不知得撫島周圍不過八十里，島內山岳重疊，地極險阻，因爲平地極少，住民不解農業，在東印度公司維力司船長發見此島時，實無居民，在紀元五世紀，是否爲無人島，更不可知，安能斷定其卽爲『土俗歡樂，物豐而賤，行客不齎糧』的文身國呢？而且根據粟原寅次郎『大日本地理精說』（大正十五年出版）所分，千島羣島之得撫島，本可屬於北海道地方。（第十章北海道地方第七節千島羣島見頁二五四至三七五）那麼何必強爲區分呢？總之，在北海道地方的蝦夷土人，至今尚存文身的風俗，此係事實，如上書所述：（第十章第三節頁三一〇至三一一アイヌ土人の風俗）

『蝦夷人固有的風俗習慣，因近年與內地人交際之頻繁，而漸次消失，衣食住一切均與內地人同化，無何等差別。祇有少數住在深山僻野的蝦夷人，有時尙保守其固有的生活狀況。蝦夷人不問男女，均有黥面文身的習慣，尤其女子，幼時卽刺墨於唇上，漸及口之周圍，至爲人妻時，則全部口邊，均施以花紋。但雖如此，蝦夷人文身及衣食住等固有特色。近年漸次減少，甚或全部消滅，與內地人無異』。

那麽我們根據事實，假定文身國爲北海道及千島列島中之某一島，爲舊蝦夷人所居地，當然是很可能的說法了。

次之爲大漢國，在文身國東五千餘里，歧尼與希勒格氏，均決定其爲今之堪察加地方。(Kamchatka)堪察加人爲平和不事攻戰的種族，此其特性。又戈利亞客種(Koriaques)的語言，亦與北海道及千島列島原住的蝦夷語有別。因此這種假定，當然比文寧以阿拉斯加(Alaska)地方當大漢國者或更易於解釋。惟大漢之義仍不能明，希勒格以爲大漢意卽大川「戈利亞客人惟名堪察加爲大地」云。(見大漢國考證，中國史乘中未詳諸國考證卷五頁六五至六六)，此說實似是而非，因大漢實指人，而非指地，此其一。中國人名堪察加人爲流鬼不名大漢，此其二。又白鳥庫志(塞外史地論文譯叢第一輯頁一二三至一二四，見於「大秦傳中的中國思想」一)，認『慧深所述的大漢國亦與山海經淮南子等所載大人國，含義相同，淮南子等書所載的大人國，用以表示「居住此國的神仙」，體格極爲長大的』。殊不知慧深所述大漢國風俗與文身國同，絕不帶神話色彩，亦無神仙的意味，白鳥氏未免誤會了。惟「大漢」二字，確有

「大人」與「好漢」之含義。今案大漢國依梁書東夷傳所載『風俗並與文身國同而言語異』，那麼以文身國的風俗生活狀況推之，當係阿留地安（Alutian）羣島之埃斯基摩（Eskimo）種族的土地。以與北海道及千島羣島之距離計之，亦相恰合。由此往東二萬餘里，也正是美洲之西墨西哥地方，梁書所稱爲「扶桑國」也。埃斯基摩人雖然係一羣野蠻人，但因保持其原始的道德律，在己羣內，實爲和平不事攻戰的民族。R. Lydekker 在『現代人種誌』（Living Races of Mankind, p. 666）中述美洲之埃斯基摩『他們和平生活，可算是仁愛和慈善的民族』。(They are a kindly and hospitable people) 因爲他們對於「我族」(We-group)與「他族」(Others-group)的分別很明，他們爲誇張其我族中心主義，故常自稱爲「因奴伊」(Innuit)意卽爲「人」(Men)。這自稱己族爲人的習慣，原始民族如卡立勃人（Carib）拉伯人（Lapps）又如奇奧哇族(Kiow)乙稱爲 "Kiowa"，皆爲好例，而埃斯基摩人爲尤甚。亞洲的埃斯基摩人自稱爲 "Yuit"，格林蘭的埃斯基摩人，自稱爲『眞正的人』，阿留地安羣島的埃斯基摩人以「大漢」自稱，當亦不出此例。"Innuit" 卽「大人」「好漢」之意，卽是自認己族爲眞正身大力強的「大人」「好漢」，這就是大漢國一名所由來。爲要證明這大漢國和阿留地安的埃斯基摩人的關係，最好是參考克魯泡特金（Peter Kropotkin）『一九〇二年所著『互助論』(Mutual Aid, Factor of Evolution）第三章『野蠻人的互助』，其中『埃斯基摩人和阿留地安人』一節（萬有文庫本第一冊頁一一〇至一一五），而更爲瞭然了。

（第一）按文身國土俗歡樂，大漢國風俗與文身國同，當亦土俗歡樂無疑。今據互助論（第三章 p. 111—112）『埃斯基摩人的生活，乃以共產主義爲基礎，……當一個人變爲富裕，他就招請他的氏族裏的人開大宴會，在大吃之後，就把他的財產，分給他們。達文(Dale)在猶空(Yukon)河畔，看見一個阿留地安人的家族，用這個方法，分配十把銃，十件皮衣，兩百串小珠，許多氈子，十張狼皮，兩百張狐狸皮，五百張黑貂皮（Zibeline），此後這個家族，脫了自己的宴會衣，給與別人，而自己各換一襲襤褸的皮衣並對他們的族人說了幾句話，以爲他們雖比同族中任何人還要窮些，但是同族的友誼，已爲他們所獲得，和此相類之財富的分配，乃是埃斯基摩人的尋常習慣，在某一定的季節，把一年所得的一切東西，公開陳列，然後乃作分配』。這眞是何等的快樂生活！

（第二）按文身國有屋宇，無城郭。大漢國卽今埃斯基摩人的生活，亦同。『他們的尋常住所，乃是「長屋」(Long house)可容數家居住，用破獸皮分成小間，而留公路在前面，有時「長屋」的形式，乃作十字而中央置有公用的火。德人探險隊曾在和一個「長屋」接近的地方，過了一個冬天，他們斷言此等居民在長冬內，「始終沒有吵鬧，並不因使用這塊窄狹面積，而起爭論」。「捨合法之諷詩，而用罵詈或惡言，那是認爲無狀」』。

（第三）按大漢國「無兵戈，不攻戰」，與今之阿留地安人最爲相合，埃斯基摩人生活的特質，卽是尊敬團體利益，而阿留地安人，尤爲特色。據互助論（頁一一三至一一五）埃斯基摩人的部落道德之高尙的標準，在一般書籍中常有講到的。下面是差不多和埃斯基摩人性質相同的，阿留地安人的風尙之記載，而把此等野蠻人的全部道德，做一個更好的說明。此爲一個最有名的俄國傳教師威尼阿米諾夫（Veniaminoff）在阿留地安人民間住了十年以後所記的，現在我用大部分是他自己的話，在下面作一個摘要：

『堅耐是他們的主要特質，此簡直可說是很偉大的。他們不但每日早上在凍海中洗澡，而裸體站在海濱吸入冷風，並且在甚至沒有充分的食物以作苦工的時候，而有我們想像不到的堅忍能力。遇有長時的饑饉，他們首先注意的，就是小孩。他們把所有的一切糧食，給予小孩而自己去挨餓，他們不願偸東西，就是最初日俄國移入的人民，也是這樣說。他們不是決不行竊，無論那個阿留地安人都自認有時曾偸過一點東西，惟常以細物爲限，故他們的行爲，是很天眞爛漫……阿留地安人不輕與人訂約，但是一旦訂約，無論有多大的事情發生，他們都不失信的。（有一個阿留地安人以乾魚送給威尼阿未諾夫，威氏因起身匆匆，把魚放在海濱忘記帶去，此阿留地安人乃把魚攜歸，等威氏次年一月回來的時候，再送去。在那一年的十一月和十二月間，阿留地安人的駐紮地內，發生大饑饉，但是此阿留地安人雖沒有東西吃，然而決不拿已答允送人的禮物來裹腹。等到次年一月，威氏回來，他乃硬把這個禮物，送到威氏那裏去）。他們的道德規則繁而且嚴，……尤以揑造功勞以輕蔑的話駡人等等，都是看作可羞恥的。……

這就是阿留地安人的道德，拿他們的故事和傳說來看，我們可得更進一步的例證，讓我現在加說一事，據威尼阿未諾夫在一八四〇年所紀，他們六萬人口，在過去一世紀中，只有一個殺人犯，而在四十年中，在一千八百個人口中，違反習慣法的事，簡直一回是沒有。若我們知道罵詈，輕蔑，和出言不遜，在阿留地安人生活中，是絕對沒有，那麽，這就沒有什麽稀奇了！甚至他們的小孩子，也決不打架，決不互相亂駡，至多不過說「你的母親不知縫級」或「你的父親瞎了一隻眼睛」而已』。

這是何等地和平過着「無兵戈，不攻戰」的生活，今代阿留地安的人如此，古代的大漢國，更不消詳說而自明了。

末了應該述及慧深所說的女國，依照扶桑卽墨西哥說，則女國在扶桑東千餘里，應該在今墨西哥之東，約當大安的列斯羣島(Great Antilles)或小安的列斯羣島(Lesser Antilles)所在地卻是這些島國，因最先被歐洲人發見，所以這區文化在美洲亦最早消滅，我們現在要想決定慧深所說女國的地理位置，實無文獻可徵，而且女國雖因慧深而傳，然慧深未到此國，僅得自傳聞，所以神話與史實相混，祇好算作一種傳說，希勒格據之以與文獻通考及南史所載互相考證，其結論，竟謂此種女人「色甚潔白，身體有毛」，似爲蝦夷種，其所食鹹草，卽是海帶，至於「二三月入水，六七月產子」則涉入動物學的範圍，因北海道沿海動物，有耳海狗之屬，如膃肭獸，(Otaria 一名海獅)亦專以海帶爲食，希勒格歷引各博物學者的觀察，竟以此「形如婦人白肥無鱗」的海人魚，來與慧深所說的長髮，入水，項後生毛，見人驚避，偏畏丈夫等事考證。（女國考證見中國史乘中未詳諸國考證頁四七至五七）其說甚辯。不過我們應注意的，就是這女人國的傳說，古代各地皆有，尤其在各島國關於女人國的故事最多，爲東西遊歷家所津津樂道者。亞美尼亞王的海敦紀程（Journey of Hethum, the Pious King of the Armenians, to Batu and Mangu Khans, in 703 and 704 of the Armenian era, A. D. 1254-1255）述其過弋台國『有女人國，子女治理一切，而男子則皆身似大犬，叢毛出身』（中西交通史料匯篇第四册頁一七）高僧勃拉奴克劈尼（Plano Carpini）的紀行書（The Voyage of Johannes De Plano Corpini）也有同樣記載。又西班牙克拉維局（de Clavijo）的奉使東方記，述及女人國（Amazons）云『其地風俗至今尙不許男子居留，每年中，僅一次得其王之允許，可偕其生女，至最近之處，與男子交會，擇所悅者同居共飲食，會期過，則復歸本國，至家後，若生女則留育之，生男則遣送於其父』，同上第二册古代中國與歐洲交通頁三六四至三六五）。艾儒略的職方外紀所繪的輿地全圖，也有在北方的女人國。

這說的還是陸路上的女人國。至如馬哥波羅遊記所說的「男島」，「女島」乃在今之阿剌伯海附近）。(Yule-Cordier: Travels of Marco Polo, Vol. II, Chap. XXXI, p. 404—406) 蘇萊曼東遊記（Voyage De Marchand Asabe Sulaymân）所述被一個女人所統治的各島，乃在今之孟加拉海灣（卷一）。依賓拔都他（Ibn Bututa）遊記所述的女人國，乃在馬爾底甫羣島。(Maldive Islands)（中西交通史料匯篇第三册頁一三七至一三八）。若就中國的文獻來說，則東西南北皆有女人國，正史所載女人國，如後漢書云「北沃沮人言，海中有女國，無男人，或傳其國有神井，闚之輒生子」。梁書卷五十四，記女國乃在扶桑東千里，北史卷九七女國在葱嶺南，其國世以女爲王，國內丈夫唯以征伐爲務。……王居九層之樓，侍女數百人，五日一朝，復有小女王共知國政，其俗婦人輕丈夫，而性不妬忌，男女皆以彩色塗面，而一日之中或數度變改之』。隋書卷八十三記女國文同。並云開皇六年遣使朝貢。新唐書卷二百二十一所記有東女與西女，東女原名實爲蘇伐剌拏瞿咀羅，即北史隋書所記之女國，西女爲西洋之另一女國。所謂『拂菻西，有女國，種皆女子，附拂菻，拂菻君長定遣男子配焉，俗產男不擧』。文獻通考載『西女國在葱嶺之西，其俗與東女同，附於拂菻。貞觀八年朝貢始至』。又卷三三六「沃沮」條云「其俗常以七月取童女沈海。又言有一國亦在海中，純女無男」。新唐書卷二百二十一上疏勒傳云「朱俱波南三千里，女國也」，元史世祖本紀「至元二十四年八月，女人國貢海人，二十六年，閏十月，辛丑，羅斛女人二國遣使來貢方物」。又玄奘大唐西域記卷四記東女國卷十一記西女國，又山海經卷七海外西經『女子國在巫咸北，而女子居水周之（郭注有黃池婦人入浴出卽懷姙矣，如生男子三歲輒死，周猶繞也）一日居一門中』。張華博物志卷二異人條『有一國亦在海中純女無男』。（祕書二十八種第三册博物志卷二頁三）。趙汝适諸蕃志亦云『南海中有女國』。古今圖書集成邊裔典第四十卷女國部彙考引梁四公記云「西北無慮萬里，有女國以蛇爲夫，男則爲蛇不噬人而穴藏，女爲臣妾官長而居宮室」。並云『以今所知女國有六，北海之東有女國，天女下降爲其君，西南夷板楯之西有女國，以貴男爲夫，置男爲妾媵，多者百人。昆明東南有女國，以猿爲夫，南海東南有女國，舉國惟以鬼爲夫，勃律山之西有女國，方百里，山出台虺之水，女子浴之而有孕，其女舉國無夫，並蛇六矣』。三才圖會「女人國在東南海上，水東流，數年一泛蓮開長尺許，桃核長二尺，昔有舶舟飄落其國，羣女攜以歸，無不死者，有一智者夜盜船得去，遂傳其事。女人遇南風裸形感風而生。又云有奚部小如者部抵界其國無男，照井而生」。總而言之，女人國的傳說，東西各民族各地皆有，尤以羣島所在地，幾於無處無之，則慧深所傳西印度羣島附近女國故事，當亦不出此例。張星烺氏中西交通史料匯篇第二册第一百四十一節附註。說得最好『女人國爲古今東西人之幻想，遍查東西載籍，女人國究何在，無一定地點，大抵隨人幻想而已』。（頁三六五）知女人國的傳說，爲神話與史實之混合，便慧深所說，亦不足怪。原始民族以女性爲中心，實行母系制及一妻多夫，故多以女子統治，以女爲王，因加以附會，事或有之。如魏志倭人傳所載，倭人各國皆爲女王卑彌呼所統治，即爲好例。希勒格所說（註一）『古時日本或有一國，以女子過多，乃以舟載過剩之女，棄之孤島之中，而成女國，遇有海舟漂泊至島，「自爲島女所歡迎，特爭嬲之，以致力竭而死』此事亦非無可能，至如男女分島，如馬哥波羅遊記所述，在情理中，亦不得謂爲絕無。但不能因此而附會慧深所述女國，即爲北海道之某島某島，因其所述，本不過當時的一種傳說，卽有其地，亦當求之於墨西哥祕魯，約當大安的列斯羣島，小安的列斯羣島附近，希勒格欲以北海道蝦夷女子，證實其說，此種考證，可謂絕無根據的。

（註一）希勒格女人國考證（中國史乘未詳諸國卷二十『日本實名倭，中國人訓倭字之義曰从人，从禾，从女此三者，倭國皆蕃盛』云。

然則慧深所說的女國，究竟是在什麽地方呢？依我研究的結果，當卽今南美洲亞馬孫河(R. Amazon)附近之某島。案亞馬孫(Amazon)本爲東方女國之稱。相傳住於大月氏(Scyethia)一帶橫行着的，有所謂亞馬孫女兵團，曾妨礙着希臘人與中國之交通。一八八五年 Léon de Rosny 曾發表一篇論文『女國 Le Pays des Amazones』（見 Mém. Soc. Et. jap. et Chin, IV, pp. 234—245）卽係指此。至今 Amazonian 一字，有勇敢如男子或女丈夫之意。而美洲之亞馬孫河，據字典亦卽由於西班牙人所見之女兵團而得名也。(So called from the female warriors there seen by Spaniards)關於這一點，William H. Prescott 所著 "History of the Conquest of Peru"（註二）Issac Taylor 所著 "Words and Places"（註三）兩書，均透露出一些消息，使我們知道亞馬孫河與女人國之關係。尤以亞馬孫河地當墨西哥祕魯之東，與慧深所云『扶桑東千餘里有女國』之說相合。又該河出產各種海豚及重至二百磅的紅魚 (Pirarucu) 與希勒格對於女人國之說明，亦甚相合也。又據 Lippincott's "Gazetteer of the World"頁五七至五八 "Amazon 字下 Amazons 初名 Orellana，亞馬孫河口是西班牙人 Vicent

Yanez Pinzon 在一五〇〇年發見，但最初從事探險者爲一五四一年 Orellana 的貢獻"。又"Amazoc"爲墨西哥之一城市；"Amazonas"爲祕魯之一部分，在厄瓜多爾之東；由上可見墨西哥祕魯地方，均有以 Amazon 名者，女人國和扶桑國的關係，也就很容易明白了。

（註二）"......It was a world of romance that was thrown open; for, whatever might be the luck of the adventurer, his reports on his return were tinged with a colouring of romance that stimulated still higher the sensitive fancies of his countryman, and nourished the chimerical sentiments of an age of chivalry. The listened with attentive ears to tales of Amazons, which seemed to realise the classic legends of antiquity, to stories of Patogonian giants, to flaming pictures of an El Dorado, where the sands sparkled with gems, and golden pebbles as large as birds', eggs were dragged in nets out of the rivers" 見 William H. Prescott: History of the Conquest of Peru, Book III, Chap. 1, p. 116 (Every Mans Library) "tates of the Amazons."

（註三）"We cannot complete the list of Spanish explorers without a mention of the name of Orellana, which according to some maps, is borne by the largest river of the world. There are few more romantic narratives of adventure than the history of Orellana's voyage down the Amazons. In the company of Gonzales Pizarro he left Peru, and having penetrated through the trackless Andes, he came upon the head waters of a great river. The provisions brought by the explorers having at length become exhausted, their shaes and their saddles were boiled and eaten, his passage; and posterity has punished his untruthfulness by enshrining, in a memorial name, the story of the fabled Amazons, and letting the remembrace of the daring explorer fade away" 見 Issac Taylor: Words and Places, Chap. II, names of recent origin, p. 39, Everyman's Library, 517.

但泛指女國在美洲亞馬孫河附近，仍未確切，我現在可以更確實地指出，慧深所說女國當即墨西哥之東，爲小安的列斯羣島中之馬爾的尼加島（Martinique）爲法屬之一島。何以見得呢？我們假如承認扶桑卽墨西哥，扶桑東千餘里，約在大安的列斯羣島與小安的列斯羣島附近；這些島國因最先被歐人發見，這區文化在美洲亦最早消滅，但很可幸的，就是在這些島國中的馬爾的尼加島，當哥侖布第二次航行時，曾於此島聽到與慧深所述女國的同樣的故事。（註四）這不是偶合的事實，而爲較可信的歷史事實無疑。馬爾的尼加島與亞馬孫河口相距不遠，西班牙人曾於亞馬孫河附近發見女兵團，說不定就是馬爾的尼加島的島人，而這也就是亞馬孫一名之所由來罷！

（註四）見 Yule-Cordier: Travels of Marco Polo, Vol. II, Chap. XXXI, p. 405-406, Note I. "The Chinese accounts, dating from the 5th Century, of a remote Eastern Land called Fusang, which Neumann fancied to have been Mexico, mention that to the east of that region again there was a Woman's Island, with the usual particulars (Lassen, IV, 751.) [Cf. G. Schlegel, Niu Kouo, T'oung Pao, III, pp. 495-510.—H. C.] Oddly enough, Columbus heard the same story of an island called Matityna or Matinino (apparently Martinique) which he sighted on his second voyage. The Indians on board "asserted that it had no inhabitants but woman, who at a certain time of the year were visited by the Cannibals (Caribs); if the children born were boys they were brought up and sent to their fathers, if girls they were retained by the mothers. They reported also that these woman had certain sub-terranean cavens in which they took refuge if any one went thither except at the established season." (P. Martyr in Ramusio, III, 3 v. and see 85)."

總上所述，知道梁書東夷傳所載扶桑國的地理位置，以倭國，文身國大漢國等有關諸國爲例，與今地的距離均能相合，惟女人國的傳說，乃古今東西人的幻想，本無一定地點，但照慧深所說，研究結果，仍可斷定爲卽今美洲亞馬孫河附近之馬爾約尼加島。總結起來由上地理證明，扶桑國之卽爲墨西哥，也就更爲明白的了。

八

第三以事爲證　可分三點來說，其一民族起源，其二神話傳說，其三古物遺留。

(1)先就民族起源說，又分三項，(a)美洲原住民之蒙古利亞同種說；(b)美洲史前人種之亞洲移植說；(c)美洲原始文化起源於中國說。

(a)美洲原住民之蒙古利亞同種說：

案亞洲大陸原爲人類的發源地，從前學者探求人類的發源地於歐洲西部，近來學者探求人類最初發祥地於中央亞細亞至蒙古一帶，如英國牛津大學的 Iabca，美國人種學者 Ball Roland Dixon，澳國地理學者 Griffith Taylor，美國的 Pumpelly, E. F. Williams, W. D. Mathew，俄國的沙發諾夫均主張人類發生於中亞細亞；R. C. Andrew, H. F. Osborn 主張人類發生於蒙古。但從這些地方變爲乾燥以後，人類乃分歧移動，東支入中國爲蒙古利亞種人，西支入巴比侖爲高加索人，南支入印度爲達羅昆荼人 (Dravidian) 即尼革羅人之祖先。而美洲的原住民——印第安人和埃斯基摩人——從人類的系統來看，即爲蒙古利亞種之向東移植，和中國人是有親屬的關係的。原來美洲這個地方，從古生物學上觀察，連狹鼻猿類都沒有，更不消說有類人猿。從人類學考古學上觀察，美洲至今還沒發現如克魯馬昂人 (Cro-Ma-

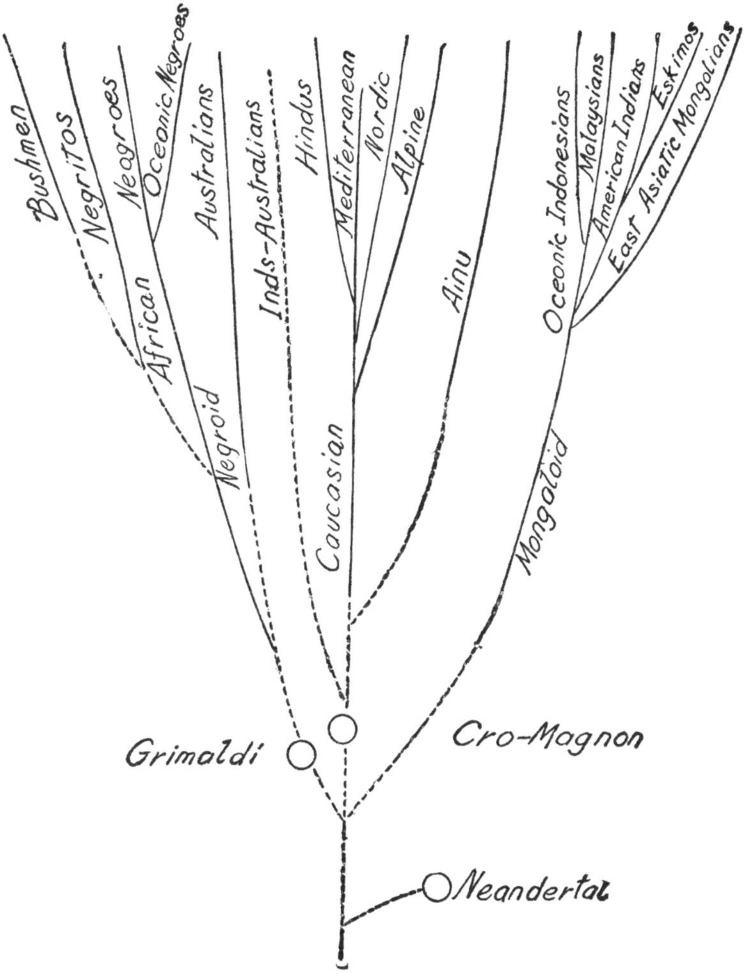
Bushmen
Negritos
Neagroes
Oceonic Negroes
Australians
Inds-Australians
Hindus
Mediterranean
Nordic
Alpine
Ainu
Oceonic Indonesians
Malaysians
American Indians
Eskimos
East Asiatic Mongolians
African
Negroid
Caucasian
Mongoloid
Grimaldi
Cro-Magnon
Neandertal

gnon) 北京人(Peking man) 所遺留的骨骼，在古石器時代末以前，美洲是沒有人類足跡的，所以美洲的原住民，決不是獨立發生，而是由舊世界的亞洲移植而來。爲要證明這一點，最好是參看一下克魯伯的(A. L. Kroeber) 的『人類系統樹』(Family tree of the human races) 見 Anthropology 頁四八）如上圖：

美洲印第安人 (American Indians) 及埃斯基摩人 (Eskimos) 皆屬蒙古利亞種 (Mongoloid)，以髮形來分類均屬直髮種，與高加索種之波狀髮不同，以鬚毛，鼻形，顎狀來說，均全相同，惟正蒙古利亞種皮膚爲黃色的，美洲土人則爲黃樓色的罷了。所以從體質人類學上觀察，誠如海士。蒙(J. H. Hayes and P. T. Moon)所說『美洲印第安人，在軀體特質上面，和亞洲人民類似的地方，遠過和歐非二洲人民的類似處，爲了此等及其他理由，一般視之爲蒙古人』。(上古世界史第四章)民國二十八年三月十七日上海申報載『北平協和醫院醫士范惠頓力，及國人某君、近在平西三十里周口店山上，掘出頭顱一具，與現居美洲之印第安土人相似，若此乃人類祖先之頭顱，可證人類發源於此』云云。由上可見美洲土人實和我們蒙古利亞同種。若就考古學上觀察，就更容易明白了。鳥居龍藏在『南滿遠古人種考』中，曾經指出新石器時代之滿洲所採掘的石器，多與北美一帶之阿拉斯加埃斯基摩人的石器相似。尤以半月式及長方式石刀，安特生博士認此爲「足可爲亞洲民族及其血統相連之美洲民族的特徵」。又陳志良氏在『中國人最初移植美洲說』（見說文月刊第一卷第四期）亦經證明『印第安婦女所製的匋器，用黃色紅色櫻色，畫成各幾何形式的圖案（詳見河北第一博物院畫刊）極與安特生在我國甘肅等搜集的「彩匋」一式無二（見安特生甘肅考古記及地質調查所所藏彩陶）。又民國二十八年十月三十一日雲南中央日報所載海通電『丹麥考古團頃在阿拉斯加西北部，發現一半古之愛斯基摩人居留地，據參加該團之丹麥考古家拉爾森云，該古老之愛斯基摩人居留地發現於阿拉斯加北部之伊卜塔克附近，現仍遺有房屋二百間，估計約在二千年以上云』這埃斯基摩文化最古的遺跡，從地理上說，不是證明了美洲民族最初的居地，係於數千年前自亞洲越白令海峽移植而來嗎？最可注意的，就是這移植美洲的蒙古利亞種，以後因與舊世界隔絕，漸漸向南分佈，構成墨西哥與祕魯兩種文化。專就現代墨西哥的住民來說，依謝希傅所述『民分黃白雜三種，白種皆西班牙意大利人流寓（意人皆宣教而來），黃種悉係土著，形貌絕類蒙古，男戴高頂寬邊氈草笠，女髮光黑編辮挽髻，出以大巾蒙首，或披肩項，雜種皆白黑人嫁娶所生（南洲各國皆有之）土人或累土穴居，或支高粱桿作柵棲止，其稱華人日拔山拏，譯猶同鄉也。或謂美洲兩土未闢時，墨地先已立國，亞洲人或乘舟風漂而來，或北渡墨嶺峽遷，此者萬國史記及西事考略多言之』（墨西哥述略頁四至五）實際則亞洲人之移植墨西哥，當不止一次，史前之民族移動給墨西哥原住民以形質的基礎，史後之民族移動，則更含有文化的意義，墨西哥的阿斯泰克（Aztec）文化，雖爲期稍晚（註一），然阿斯泰克族文化，乃繼承托爾泰克族（Toltec）者，托爾泰克文化起於紀元五一〇年，卽在宋大明二年（紀元四五八年）之後，而終於阿斯泰克文化繼起之時，此甚可注意也。然而無論如何，美洲原住民（包括墨西哥土人）實爲蒙古利亞同種，實無疑義，不然則墨西哥人稱華人爲「拔山拿」——同鄉之意——者，便無法可證明了。

（註一）阿斯泰克族之入墨西哥谷地，Francisco Clavigero 定爲一三二五年，Jose de Acosta 氏定爲一三二一年，Bernhardino de Sahagun 氏移至一三一三年，Kadex Ramirez 氏移至一三一八年，見 H. Cunow 經濟通史卷一第十章『古墨西哥之社會制度與經濟組織』頁三五一至三五二，吳覺先譯。

至於此族與中國人體型之關係據戈爾迭（Cordier）中國學書目，第一册頁三六二知有（G. Mendoza 所著 Idolo Azteca de tipo China Idolo Azteca de tipo Japones 一篇，見墨西哥國立博物院年報（Anales del Museo National de México, t., II, pp. 37 à 42 et p. 91）惜未及見，無從徵引。

（b）美洲史前人種之亞洲移植說：

美洲原住民不是獨立發生的，那麼究竟是從那裏來呢？據我們所知，新舊世界的原住民，均由亞洲移植而來，葛拉普（A. W. Grabau）說歐洲原人都是由亞洲移去的，事實也是如此，例如巴斯克族人（Basques）拉勃族人（Lapps），芬蘭人（Finns）及瑞士的湖居人，均爲史前遷入者。美洲的印第安人（Indians）埃斯基摩人（Eskimos）更不出此例，現爲明瞭起見，請舉現代人類學家，考古學家，歷史學家地理學家的話爲證。

（一）人類學家的說法，可以克魯伯（A. L. Kroeber）爲代表，依他意思，美洲的原住民，實屬於原始蒙古利亞種（Proto-Mongoloids），約當舊石器末期，或新石器初期，由亞洲移植的。其移植的路徑，他假定爲（一）阿留地安羣島（二）坡里內西亞（Polynesia）（三）伯令海峽（Behring Strait），而以伯令海峽距離最短，爲最可信。其移植的經過當不止一次，於一萬年前最初移植後，數千年間，當有無數次的民族大遷徙。（註一）

（註一）見 Kroeber: Anthropology 第一八一節頁三五〇至三五一 The Route of Entry into the Western Hemisphere. "With such background man entered America at Behring Strait. He may have navigated; more likely, or more often, he crossed on the ice. The water distance is only about sixty miles; the Diomede islands lie near the middle of the gap; and the ice may have extended across pretty continuously, ten thousand years nearer the peak oi the last glaciation. Long before, there had been land bridge from Siberia to Alaska, by which horses, camels, cattle, elephants, deer and many other species extended their range from one continent to another. But this was in geological antiquity, man's entry in geological recency—immediacy rather; and the divided configuration of the continents was probably already established. Horses had become extinct in the new world when man arrived, the elplant tribe probably also Llamas, Pumas, jagnars took the place of old world camels, lions, tigers, the fauna of the Americas, their vegetation, their climate, were nearly as they are to-day.

The Abentian islands have also been suggested as a migration route. But their chain is long, the gap at the western end one of hundreds of miles of open water, scarcely negatiable except to rathr expert navigators. Still weaker would be any supposition of arrival from Polynesia. Here the distances between the nearest islands and the mainland run to thousands of miles. Only well-equipped voyagers could survive, and there is nothing to prove positively that even late palaeolithic man had boats. Further, all polynesian evidence points to a late settling of the eastern islands of the Pacific; a few thousand years ago at most. Exclusion therefore indicates the Behring route as the only one to be seriously considered (p. 352).

(二)考古學家的說法，可以勞斐(Berthold Laufer)爲代表，見東方雜誌二十八卷二十三號覺明譯科侖布發見美洲與契丹傳說之關係。

『西半球有人類爲最近之事，美洲至今尙未尋得如西歐所見之古石器時代人類遺跡，舊世界原爲人類之搖籃，美洲之印第安人蓋屬亞洲移民之也。

大約在西元前二萬五千年左右，亞洲曾自白令海峽或亞魯遜羣島數次向北美洲移民。至今美洲之印第安人其體格猶與亞洲北部人民極爲相似。由此輩最初移民傳至美洲者大率係極粗野之原始文明，此輩蓋猶爲衣皮之獵人，知摩石斧石鏃，犬爲唯一之家畜。知製粗陋之陶器，繩索，魚網，籃，有獨木舟，住於椿屋之中。

諸凡亞洲文明上之基本事物，如犂，以牛耕田，各種家畜如牛馬，駱駝，馴鹿，羊，山羊，豕雞之屬，以輪爲主之車陶人用之埴輪，絃樂器，燒製之煉瓦，鎔治鑄鐵之術等等，在古代原始之美洲人中，皆未之有，凡此皆足以充分證明在昧蒙的過去時代，美亞兩洲之文化，名自分途發展，歷時數千年於茲也。雖然，凡此未能卽謂美洲常在孤立之境也，研究結果，反足以證明在有史時代，至少亦在一兩千年內，兩洲曾有密切之接觸，亞洲思潮及其伏流，曾掃蕩美洲，特別爲美洲北部』云。

(三)歷史學家的說法，可以威爾斯（Wells）爲代表，見『世界史綱』第十二，十三，十四，各章。

(1)路線與時代，『在冰河時代人類不得自由分佈，蓋當極北以至中歐，橫亙俄羅斯，西伯利亞以達中亞之高原，皆冰天雪地，天氣酷寒，最末冰河時代旣過，寒冽之北方漸漸温和，然極爲遲緩，經過長久時期，此地尙無居民，惟游牧民族由此向東分佈，橫渡白令海峽。中歐北歐及亞細亞之天氣，至最近時間始適於耕種，此時期約在一萬年或一萬二千年之間。

『霖雨時代之前後，白令海峽出現，印地安人遂隔阻於北美矣』。（第十三章）

(2)文化的遺留，『北美有蒙古種民族，當時已與舊世界完全隔絕。彼輩漸漸向南分佈，以獵取平原上之野牛爲生，後漸自得種黍及南美洲馴服駝鳥法，攝成墨西哥與祕魯兩種文化，其性質與蘇馬連文化相類，然不同之處甚多，且蘇馬連文化亦較早六七千年也』。

『古美洲居民亦有簡陋之象形文字，然其發達不及古埃及象形文字，於加敦（Yucatan）地方有一種文字，卽馬亞人（Maya）文字，但僅用以紀日耳。祕魯文字未發明時，有結繩法，以各色繩之形狀爲別，相傳雖法律命令亦以繩紀之，舊日繩索，至今尙有存者，然多已失傳。據

謂中國史所載，當中國文字發明以前亦是結繩之方法』（第十四章）

（3）人種的考察『民族混合之障礙物甚多，其最要者如大西洋各處之高原，及已涸之中亞洲諸海等，曾將大羣種族互相隔絕不知若干年。此隔絕之種族，自始卽發達其大同大異之點。亞洲東部及美洲人，大多數有此相同之點，卽色黃，髮黑而直，顴骨較高』。（第十二章）

（四）地理學家的說法，可以泰羅氏(Griffith Taylor)爲代表，見所著『人種地理學（漢譯本頁七，二五）。

『被置於白令(Bering)地方，是第三紀末期，從亞細亞到亞美利加的大走廊，是人種移動上的重要地帶，尤以亞美利加，不妨視爲舊大陸東部的一大半島』。

『人種自亞細亞出發，被地形及植物所統制，一面通過自然的走廊而前進。……向亞美利加移住者，則利用白令海的走廊。而亞美利加方面，最爲特別，最後入境者，還是住在這走廊上，沒有驅逐先入亞美利加既占領最好場所的先住者的餘地』。

還有奚爾恩(John J. Heerens)張立志合著『遠東史』（上册頁一〇）第二章『亞洲東南二部之人種』一節，也引『地質學家言，數萬年前亞洲東北隅與美洲西北角壤地相接，現時亞洲沿岸之島嶼原爲大陸之一部。是以向東北游蕩之民族，得由陸路經岡札得加至阿拉斯加，後漸佔領南北美，其向東移行者，亦無須舟楫而可至現時之日本羣島，馬來羣島焉』。綜合如上人類學家，考古學家，歷史學家，地理學家，地質學家的說法，可見美洲民族的起源，出於亞洲，是決無可疑的事實了。

（c）美洲原始文化起源於中國說：

由上已知美洲民族的起源，我們就可更進一步來討論美洲文化的起源了。關於這一層，雖有許多不同的學說，但仍以亞洲文化傳播說，爲最佔勢力。培頓（Jacob Harris Patton）在"The History and Government of the United States"(New York, 1903)中述到美洲史前民族(Vol. I, Chapter II, American Prehistoric Races, 頁一七至四二）以爲關於這個問題，有三個答案，第一說依於流行的見解，以爲最初的美洲人乃迷失了的以色列（Israel）民族的子孫。第二說依於古代希臘有名的傳說，——阿特蘭提斯(Atlantis)的傳說，西海的一個島國，這是柏拉圖（Plato）曾在動人的一段文章裏描寫給我們的。第三說認美洲原住民是在先史時代爲氣候險惡及暴風所迫，遷入美洲，白令海峽就是這民族移動上的重要走廊。最明顯的證據，就是美洲土人與蒙古人相類似，沿太平洋國家的美洲民族，其特性亦與文化的亞洲各國有共通之點。許多學者都承認中國記載中的扶桑國，就是指阿斯泰克（Aztec）的文化，因此及其他根據，所以相信中國人就是最初的美洲住民。(註二)雖然培頓對於美洲原始文化起源於中國說，不加贊同，然亦可見此說之如何值得注意的價值了。

（註二）原書頁一九"We come now to the third and last theory of the peopling of America. The shipping of Asiatic coast dwellers was drawen from time to time by stress of wind and weather as far as the Alaskan Schrore. An involuntary migration was thus set up from a remote prehistorical period. A glance at the map shows this view of the case to be an extremely simple one. Nowhere do the continents of the old world and the new come so closely together as in the Alaskan region. That slender arm known as Berling Strait forms the only division between these mighty areas. Transit from one to the other can have presented no insuperable difficulties even to the most primitive craft. The plansibility of the view is supported by certain resemblances between the American aborigines and Mongolian peoples. Some American races of the Pacific States have characteristics in common with the nations of civilized Asia. There are Chinese legends of a land of Fu-schan（扶桑）which point unmistakably to Aztec civilization, in the opinion of many scientists. Upon these and other considerations is based the theory of a Chinese origin for the first inhabitants of America."

依照文化傳播派的說法，如德國格納那氏(Graebner)，主張美洲文化，係傳自東南亞洲，其路線也是由伯令海峽。最奇特的，是一九一六年科學雜誌八月號所載英國文化傳播論派斯密氏(G. Elliot Smith)的新說，他以爲一切世界文化，均傳自埃及，美洲也不是例外。埃及的「日石」文化(Hebo-lithic culture)其中許多事物，先傳播於舊世界，再從太平洋輸入美洲，其路線一由阿留地安羣島(Aleutian Is.)一渡太平洋，經波里內西亞(Polynesia)而至祕魯。茲錄其說如下：（參照 The New Larned History, Vol. I, America 一條頁二四九至二五一 Theory of a Cultural wave across Asia)。

"He holds that the distinguishing characteristics of American cultures, such as the mummifying of the dead, the use of irrigation canals and pyramidal structures, come frome the anccient civilization of Egypt through a 'great cultural wave.' He believes that this cultural wave passed from the valley of the Nile by way of Assyria into India, Korea, Siberia, the Pacific islands and America. He thinks it started about 900 B. C. He says:—

"Originulity is one of the rarest manifestations of human faculty......From Indonesia the whole eastern Asiatic littoral and all the neighboring islands were stirred by the new ideas; and civilizations bearing the distinctive marks of the culture-complex which I have traced from Egypt sprang up in Cochin-China, Corea, Japan and eventually in all the islands of the Pacific and the western coast of America." "It is idle to deny the completeness of the demonstration which the existence of such a civilization in America supplies of the fact that it was derived from the late New Empire Egyptian civilization, modified by Ethiopian, Mediterranean, West Asiatic, Indian, Indonesian, East Asiatic and Polynesian influences."

"All that I claim, then, is that the influence of Egypt was handed on from place to place; that the links which all ethnologists recognize as genuine bonds of union can with equal certainty be joined up into a cultural chain uniting Egypt to America."

但這種文化的傳播，是從何時開始呢？他說：

"It must have begun some time after B. C. 900, because the initial equipment of the great wanderers included practises which were not invented in Egypt until that time."

斯密氏的新說，雖然許多人批評他，但至少給我們一種暗示，就是美洲文化的起源，乃從舊世界的亞洲輸入的，其輸入的路線和我們所見也相差不遠。不過美洲文化是否爲埃及日石文化派生，這當然還是未解決的問題，依我意思則以墨西哥爲例，以爲美洲文化謂其傳自埃及，不如謂其傳自中國。斯密氏謂紀元前九百年埃及文化傳入美洲，但是曼斯(Philip Ainsworth Means見 Science, Oct. 13, 1916)駁他"The date B. C. 900 is altogether too late for the beginning of the alleged migration of cultures, if this migration took place at all, it must have left Egypt much earlier than this, for was have the Tuxtla Statutte (dated about B. C. 100) to prove that even before the commencement of our era the Maya Calendar had already gone through its long preliminary stages and was already in existence in practiacally its final form. No doubt every one will admit that the period

B. C. 900–100 is entirely too short for a 'great cultural wave' to roll from Egypt to America."(The New Larned History, Vol. I, p. 250)但在中國方面，在顓頊時代(四九一五至四九九三 B. C.)，似與美洲已有文化交通，史記卷一，五帝本紀，『帝顓頊高陽者，黃帝之孫，而昌意之子也。靜淵以有謀，疏通而知事，養材以任地，載時以象天，依鬼神以制義，治氣以教化，絜誠以祭祀，北至於幽陵，南至於交阯，西至於流沙，東至於蟠木，動靜之物，小大之神，日月所照，莫不砥屬』。陳漢章氏以爲蟠木，卽古美洲。（見民國九年四月地學雜誌）此說雖不免附會，然而中國與美洲之文化交通，決不甚晚，則可以斷言。而且依斯密所述文化東傳路徑，波里內西亞(Polynesia)一路，航線未免過長，此地在紀元後五百年尙無人類居住，當然不能爲通美洲之路線，斯密氏雖有上古已有長途航海之說(見 "Ships as Evidence of the Migrations of Early Culture" 登載在『埃及及東洋學雜誌）足以辯護，但亦不足置信。因其所說波里內西亞的小舟，爲巴爾撒的改良，此亦不過證明波里內西亞文化爲受祕魯之影響，而非能倒果爲因，謂爲祕魯之影響也。如是則埃及文化，必須先傳入中國，方能傳入美洲，中國文化出自埃及，法人鮑梯氏(Panthier)等雖早有此說，西曆一八三四年（清道光十四年）英人威爾金生(G. Wilkinson)根據埃及古冢中發現中國磁瓶，以爲與鮑梯所說有關，後加詳察，乃知瓶上詩文，係唐宋人所作，故此說亦不能成立。知道中國文化非從埃及而來，則美洲文化傳自埃及之說，亦可不攻自破，而美洲文化實從中國得來，也不待詳證而自明了。

九

(1)就神話傳說來說，可分三節：(a)扶桑木的傳說；(b)Quetzalcoatl 的傳說；(c)龍爲雨神的傳說，試以次述之。

(a)扶桑木的傳說：

此圖見 Alexander 所編 Mythology of all Races, Vol. XI, Latin American, Chap. II, Mexico, p. 70–71 之間 Plate IX 此圖表示中間地方的樹木由大地女神身體上長出倚靠着鰐魚的脊柱，由此而大地創造出來，此樹乃爲世界大海所環繞，並由啄木鳥(Quetzal，按此鳥爲 Anatemala 的國徽，古代馬耶人視之爲神，惟酋長始戴其羽)將他舉起。其用爲裝飾的羽毛表示生長着植物，兩邊有玉蜀黍長在他的根株裏。其守護的神是 Quetzalcoatl 與 Macuilxochitl 兩人均爲生力豐富的象徵，在這圖畫裏他是很明白地表示着在這大地的身體上，助長他們向上開花的血液或生命的動力。最可注意的，就是這個樹木，就是我們所叫做『扶桑木』的。山海經大荒東經『湯谷上有扶木，一日方至一日方出，皆載千烏(中有三足烏)』『此圖大海，似即湯谷，大海中有日出其下，啄木鳥即三足鳥的象徵，這麽一來，此圖所繪豈不是與中國扶桑的傳說，極相吻合嗎？證以此圖中之守護神 Quetzalcoatl，有「可尊敬的外來人」之

圖三

意，又金樓子志怪篇，神異經等均云『扶桑樹，長數千丈，樹兩根同生，更相依倚，是名扶桑』又『有椹焉，長三尺五寸與此圖皆合，椹卽長於樹旁之玉蜀黍（Maize）也。此圖原書錄自"Codex Borgia"，當有所本，可見中國關於扶桑木的傳說，與美洲墨西哥神話，其表顯於文化產物上的結果，實屬相同。山海經，神異經等書，雖不如正史之可靠，然 Schlegel 以之證明扶桑之爲樺太島，實不如此處以之證明扶桑傳說之與墨西哥神話相合，爲可靠多了。

（b）Quetzalcoatl 的傳說：

在 Alexander 所著 "Mythology of all Races" 中(Chap. II, Mexico, p. 66-71) 所述甚詳，今卽依據於此，以研究 Quetzalcoatl 傳說。又 W. H. Prescott 所著 "The Conquest of Mexico" (Vol. I, Book I, View of the Aztec Civilisation, p. 42) 關於 Quetzalcoatl 一節，亦曾參照。

案歷史人物的，Quetzalcoatl 據傳說曾經做過 Anahuac 黃金時代的聰明的統治者，立法者，藝術的教師，並造出清淨的宗教。他因爲 Tlapallan 的陰謀，被逐出國，他說將再回來制定他仁愛的信條，在他死去的週年忌日的時候，而這也就是做成神話傳說的張本，我們現在所知道的，就是 Quetzalcoatl 實爲托爾泰克(Toltec)文化的建立者，托爾泰克的第一代王，起於紀元五一〇年，則此與起托爾泰克文化，而扶助托爾泰克王朝之一人 Quetzalcoatl，以時考之，亦在宋大明二年（紀元四五八年）；卽中國僧人游行扶桑國之後，距第一代王，相差不過五十二年也。以人考之，據古代墨西哥語，Quetzalcoatl，意爲「可尊敬的外來人」，因此解釋爲墨西哥人對於游行其國，流通佛法經像的五人比丘中之人名，也是很可能的。

從另一方面來看，神話傳說中的 Qutzalcoatl，可算新世界神話中最有名而生動的人物，雖然最初他的名聲和他所應得的尊敬不相稱，一直等到白人來臨相信他的時候。他被人描寫爲一老人，有白鬍鬚的人，穿着一身長袍，恰似別的天神一樣，在他的畫像和神座上交叉着十字架。當西班牙人科泰斯(Cortez)登陸時，墨西哥人正在等候着神的回來，依薩阿工(Sahagun)所記，當最初看見西班牙船時，他們極其注意，並且報告看守者以神的來臨。白種人(也許因爲他燦爛的紋章，他戴着長袍似傳教師的樣子，增加了他們的想像)對這位神有無上的估價，尤其傳教師們從原住民的傳說裏面找出一些基督教國的觀念，標幟，與相似的儀式。(如大洪水，十字架，洗禮，聖餐，懺悔等)這種看法，不但由於基督教師之外表的異樣的宗教想像，並且也不是呆板地將他和使徒聖托馬斯(St. Thomas)視爲同一。差不多同樣的故事，發現於中美 Andean 地方，並且實在廣佈於南美一帶，都採用了同樣的解釋，即此漂泊的聖者，變成超出於想像中的 Marco Polo，與其他誇大的旅行家。當其奇蹟的記憶，尚顯明存在於這些地方，如古昔的墨西哥，如拉普拉塔(La Plata)，這自然，這很有趣味的題目，在現時還未消失，因此我們對於 Quetzalcoatl 神話與歐洲觀念之相似的聯繫，便成爲較之新大陸的一切故事而更爲有趣，稀奇的多方面的題目了。

但是我們如果細心研究一下，便易發覺此神話傳說人物的 Quetzalcoatl，實爲東方之神，而非西方之神。依薩阿工(Sahagun)所說，他是一位風神 (Windgod) 他爲雨神掃除道路，然後雨神下雨，他和別的天神一樣，載着一個蛇的形狀，槍矛的投擲者，髭鬚（這在別的墨西哥神，有時也有）也許就是落下的雨點的象徵，也許（或如 Navaho 的幾個圖像）是植物的花粉或授粉作用。最奇怪的 Quetzalcoatl 不似一般傳說所引起我們想像似的他是代表白色的神，反之他是標準地帶着一身黑色，這就是說這黑的形色，與故事中的法衣，都是雲雨的象徵。然而就其一身帶着黑色的人種學的觀點來看，已可明白此神決不是歐洲人，更不是基督教的傳道者了。又以他爲白色的傳說，是從他的天上星羣的傳說而來，因爲有時他曾被指爲月或日的表徵，更特別的是與早上的明星相同。依照 Quauhtitlan 紀年史，Quetzalcoatl 當從托蘭(Tollan)逐出時，殉難於東海之濱，在灰燼中，有帶着發光的羽毛之鳥上升（這是戰士靈魂向日上升的象徵）同時他的心靈變成早上的明星，在他尚未昇騰其光輝以前，曾經在地獄作八天的漂泊。案此處以 Quetzalcoatl 爲日，月，星之象徵，與中國扶桑之傳說有關。山海經卷九海外東經『湯谷上有扶桑，十日所浴』，卷十四大荒東經『湯谷上有扶木，一日方至，一日方出，皆載千烏。（中有三足烏）許氏說文『榑桑神木，日所出也』Quetzalcoatl 爲日月，星之神，又爲東方之神(Mythology of all Races 頁六九 "Normally Quetzalcoatl is a god of the eastern heavens)，其爲扶桑國之神是無疑了。又在許多的故事中，Quetzalcoatl 是和

Tezcatlipoca 並舉而認爲處於敵對地位的。假使我們相信一個故事，在 Mendieta 的詳細記述中，Tezcatlipoca 在球戲中，爲 Quetzalcoatl 所敗（一個競技直接象徵天體的運動），把他拋在大地東邊，在那裏過着太陽，便燃燒着了。這個故事（見 Sahagun 所說的 Annals of Quauhtitlan）據 Seler 的解釋，像是早晨的月亮爲方升的太陽所迫退居於夜（即黑暗的 Tezcatlipoca）而歸於消滅的神話。一個相反的故事，描寫 Tezcatlipoca 爲太陽之神，爲 Quetzalcoatl 的棍子打下，好似負了傷的變成爲虎，——夜之吃人的魔鬼。這時 Quetzalcoatl 變成太陽在那地方。通常 Qutzalcoatl 爲東方之神，有時他是被繪爲女像柱或天之所在的支持者。即因這個緣故，他常被人想像爲生命的主人（Lord of life），很自然有力的一個意思，聯想及於他的使大地回春的風和雨，這乃是生命的呼吸。這一位神又被人描繪爲創造世界的人，有如 Sahagun 在史學院的稿本 (Sahagun manuscript in the Academia de la Historia)所說，依照 Seler 的譯文：

"And thus said our fathers, our grandfathers, they said that he made, created, and formed us whose creatures we are, Topiltzin Quetzalcoatl; And he made the heavens, the sun, the earth."

總而言之，此神話傳說人物的 Quetzalcoatl 實爲東方之神，風神，日月星之神，生命之神，同時也就是建立 Toltec 文化之神。最可注意的，就是此傳說的中心人物，實與佛教發生關係，到了西班牙人登陸時，便變成和基督教發生關係了。尤以基督教的傳教師，以 Quetzalcoatl 爲白色之神，而不注意其一身帶着黑色之人種學的觀點。又以 Quetzalcoatl 的畫像和神座上交叉着十字架（Cross），以爲此卽基督教的標幟。卻不知此種十字形，不過用以表明造化創造力的一種符號，和基督教是全然無關的，這只要注意到墨西哥拔倫可(Palenque)的發現物，便很容易明白了。（註一）

（註一）在墨西哥拔倫可附近，發見一座堂宇，中設有香壇，壇之上發見一裝飾美麗之十字形小壇，壇之左右陳設奇妙人像各一，此小壇之作用，今尚不可知。此物現爲北美探險家所得，保存於華盛頓博物館中，厥後又在此堂宇的一部分中，發見石板一塊，其上刻有十字形，於是一般學者都以爲此裝飾燦爛之建築物，是基督教徒裝的，並以爲在史前已有基督教徒之流行，不僅起於有史以後呀。迨至近年以來，始知這種十字形，中部美洲土人，不過用以表明造化創造力的一種符號，而以前種種之推想，已完全失其根據了。（見泰伯斯著佐藤傳藏述考古原人史第三章史前時代之家室遺跡頁一一六至一一九周景濂譯。）

知道 Quetzalcoatl 的傳說和基督教無關，那末這一個『可尊敬的外來人』，當無疑乎爲梁書「游行其國，流通佛法經像」的五人比丘中之名稱了。而且以時代考之，亦甚相合。今案 Alexander 編 "Mythology of all Races" 第三章墨西哥史頁一〇七所載之 Toltec 最後王 Topiltzin Quetzalcoatl 與神話傳說中之 Quetzalcoatl 並非一人，閱同書頁七〇至七一所說明可知。Toltec 之第一代王，起於紀元後五一〇年，距宋大明二年（紀元四五八年）卽五人比丘游行扶桑國之後，約當五十二年，比神話傳說之 Qutzalcoatl，卽爲興起 Toltec 文化，而扶助 Toltec 王朝之一人無疑。至於 Toltec 之最後王 Topiltzin Quetzalcoatl，其滅亡時代雖不可考，而要之不過借用古代大神之名，於考證無關緊要，不過在這裏以 Historical element 與 Nature elements 相混，不可不加以區別。神話中之 Quetzalcoate 爲東方之神，日出之神，告訴人們 "Tree of nourishment and of life" 之神又爲建立墨西哥古文化之神，由上種種均可證明其與扶桑傳說完全相合，而爲古代「可尊敬之外來人」之神話化也。

（c）龍爲雨神的傳說：

依照斯密氏 (G. Elliot Smith) 所著『龍之演進』(The Evolution of the Dragon, 1919) 中『龍與雨神』一章 (pp. 76—139)，使我們知道，龍爲中國雨神，而 Maya 人之 "Chac" 與 Aztec 人之 "Tlaloc" 亦爲雨神。案中國記載以龍爲雨神，水神者甚多。

（一）易經乾卦「水流濕，火就燥，雲從龍，風從虎」。正義云「龍是水畜，雲是水氣，故龍吟則景雲出」。

（二）禮運「麟鳳龜龍，謂之四靈，故龍以爲畜，故魚鮪不淰」魚鮪從龍，亦龍爲水神之一證。

（三）周禮冬官「畫繢之事水以龍」趙氏曰「龍水中神物，畫水不畫龍則無以見變化之神」。

（四）管子形勢篇「蛟龍水蟲之神者也，乘于水則神之，失于水則神廢，故曰蛟龍得水，而神可立也」。

(五)山海經大荒東經「旱而爲應龍之狀，乃得大雨」。

(六)山海經大荒北經「應龍已殺蚩尤，又殺夸父，乃去南方處之，故南方多雨」。

(七)埤雅釋龍引陰陽自然變化論云「龍能變水」。

(八)孝經緯援神契「德至水泉，則黃龍見」。

(九)王充論衡龍虛篇「龍之所居，常在水澤之中」。

(一〇)王充論衡亂龍篇「董仲舒申春秋之雩，設土龍以招雨，其意以雲龍相致」。

可見龍爲中國雨神。以與美洲的「龍」比較(見 Smith: The Evolution of the Dragon, pp. 83—103 The Dragon in America and Eastern Asia) 則 Maya 人之 "Chac" 與 Aztec 人之 "Tlaloc"，亦以龍爲雨神也。如下圖：

圖見斯密氏同書頁八四至八五之間。上圖轉載 Maya Codex Troano，描繪一個雨神 "Chac" 足踏大蛇頭上，此神從飲器裏面，傾出多量的水，另一雨神則站在蛇的尾部。下圖描繪一個象首的雨神，正在大發雷電，做出好些手勢。大蛇則變成囊狀，裏面滿盛雨水。

由上圖，我們知道，美洲的「龍」，乃爲象首蛇尾者，與中國之龍，爲馬首蛇尾者，畢竟同出一源。案王符有九似之說，謂世俗畫龍之狀，馬首蛇尾。又有三停九似之說，謂『自首至膊，膊至腰，腰至尾皆相停也。九似者角似鹿，頭似駝，眼似鬼，項似蛇，腹似蜃，鱗似鯉，

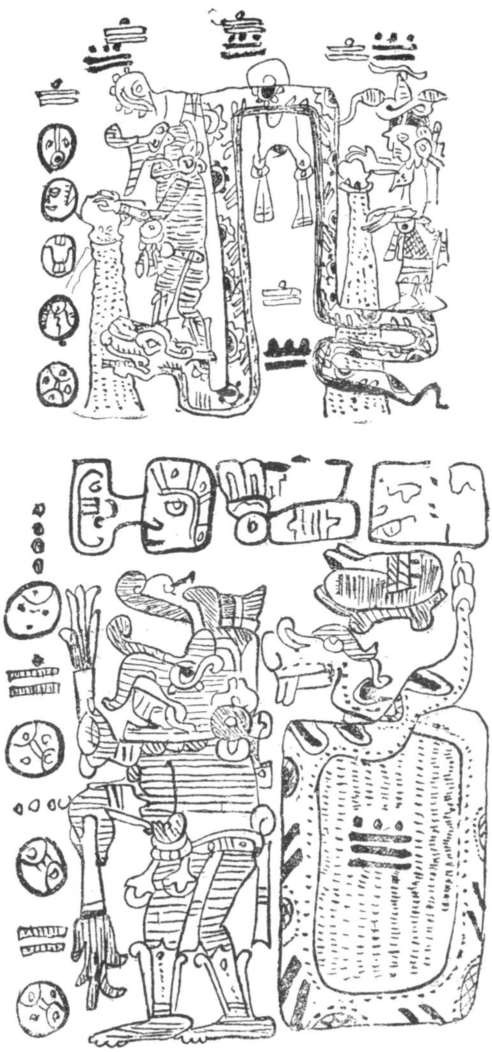
圖四

爪似鷹，掌似虎，耳似牛」。又王充論衡龍虛篇『世俗畫龍之象，馬首蛇尾，由此言之馬蛇之類也。愼子曰蜚龍乘雲騰蛇游霧』。又酉陽雜俎『龍與蛇師爲親家』。可見古傳說中，龍與蛇實有密切關係，美洲之龍，象首蛇尾，也是受中國傳說的影響無疑了。

復次，美洲也有所謂『飛龍』(Flying Dragon) 之說。斯密氏同書述及馬貴特 (Jacques

Marquette)在美洲密蘇里河與爾吞 (Alton)與伊里諾斯(Illionis)附近，發見了派亞薩奇石 (Piasa Bluffs)，印第安人曾經爲牠們畫過兩張像，這就是所謂飛龍，是表現密士失必河的精神的東西。(pp. 92—94)如下圖：

圖五

案古今圖書集成博物彙編禽蟲典第一百二十七卷龍部彙考之三有「螭圖」，亦有角，身段甚與此似，惟無翼。易經乾卦『九五曰飛龍在天』通鑑前編外紀『太昊時有龍馬負圖出於河之瑞，因而名官，始以龍紀，號曰龍師，命朱襄爲飛龍氏，造書契』。北齊蕭慤有飛龍引『河曲銜圖出，江上負舟歸，欲因作雨去，還逐景雲飛』淮南子云『萬物羽毛鱗介皆祖於龍，羽嘉生飛龍，飛龍生鳳凰，而後鸞鳥庶鳥，凡羽者以次生焉』。則在中國傳說之中，本有『飛龍』一物，爲有羽翼之龍類無疑。若以圖書集成所見之「螭圖」，附以羽翼，當然此圖 "Flying Dragon" 相差不遠，此亦中國古傳說傳入美洲之一證。

但在斯密氏，則以龍之演進，證明美洲傳說與埃及，巴比侖之關係，則實離題太遠，與我所說不合。斯密氏以爲埃及之 "Osiris"，巴比侖之 "Ea"，與印度之 "Varuna" "Indra"，皆爲美洲之龍"Chac"與"Tlaloc"之遠祖，實則巴比侖之"Ea"神，乃係羚羊與魚之混合物，所稱爲"Seagoat"是也，與中國，美洲之龍，實不相同。（圖見原書頁八八至八九之間）辨此一點，即知美洲龍爲雨神的傳說，實非如斯密氏所說從埃及而來，龍本爲中國人幻想的神物，故無寧謂爲從中國之傳說來也。

圖六

一〇

(3)就古物遺留來說，可分三節，(a)象文雕刻；(b)佛像碑；(c)漢字碑及其他。試以次述之。

(a)象文雕刻。

依照斯密氏(G. Elliot Smith)所著『象與民族學家』(Elephants and Ethnologists)中，研究『象文之傳播』，以爲古代墨西哥 Maya 族與 Aztec 族雕刻之象文，不是獨立發生的，實爲從舊世界移住而來，如以渾在刺斯的柯班(Copan)所發見的石雕的象文爲例，即知其爲印度馬加拉(Makara)雕刻的傳播物，是經由爪哇，太平洋移徙到美洲去的，如甲圖爲柯班的石板雕刻(參照西村眞次：人類學泛論頁二三七至二三八張我軍譯)有ＡＢＣＤ四種，都在隱約之間表現着象之耳，眼，鼻。這些雕刻是造於

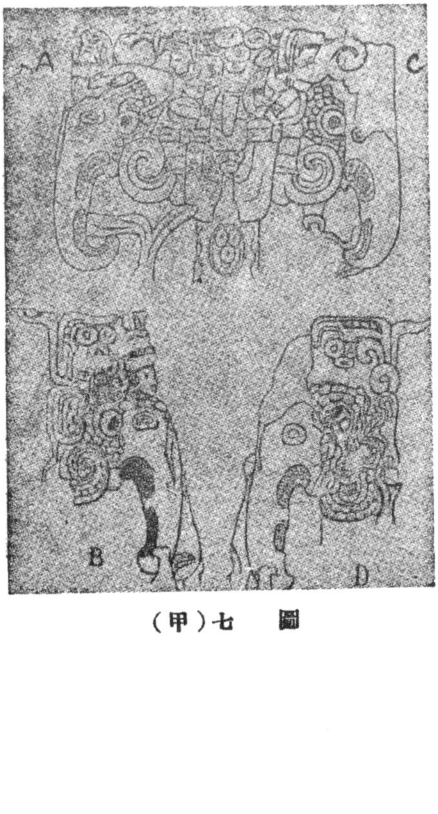

圖七(甲)

哥倫布發見美洲之前數世紀的。又如柯班的堅石之一，亦於處處表現着象文。又如法克斯的克的石匱，爲馬耶時代製作；在墨西哥發見的石匱，爲阿斯泰克族所遺留，其雕刻均表現着馬加拉。又在墨西哥發見的瓦器，於兩人物之間有象鼻的表現。（如乙圖）又在墨西哥的耶克斯希蘭發見的石板雕刻；中央爲天神，右方爲日神，左方爲月神，那些神們頭上，戴着象鼻或聖鱷。又在聖，周安，德奧基法干之聖塔的雕刻，上段之右，表現馬加拉，其左與其下，是將馬加拉圖案化的，帶着蛇身，鳥翼。

圖 七（乙）

斯密氏以爲上列新世界之雕刻意匠，是從舊世界經過太平洋輸入的，故其中間不能沒有連絡。如爪哇的象神，馬加拉像，及柬埔寨的安克爾。多姆的象之雕刻，均爲墨西哥雕刻的模範。固然柯班的石雕的動物，有人說那動物是鸚鵡，又有人說是蝙蝠，但是由眼，耳，鼻三點看去，顯然可知其以象爲主題。又墨西哥的馬耶族的遺跡，和阿德克族的繪畫，也都表現着說不淸是什麼動物狀的雨神像，但是仔細一看，有長鼻子和牙，具着非認爲象則無法說明的特徵。馬耶族的雕刻中，也有表現蛇鳥 (Serpent-bird) 的，但是斯密氏說那大約是變化自象之原型的。西村眞次於『人類學泛論』中引此一大段話（頁二三七至二三八），極力贊成此說，以爲『斯密氏說中間的證據，雖似缺乏若干，但是馬加拉雕刻之由印度傳播到美洲，這是無可疑的』。

但是事實果然如此嗎？我在這裏有一個疑問，就是斯密氏以爲印度的馬加拉（Makara）雕刻，是經由爪哇，由太平洋移住到美洲去，這「中間的證據」，如西村眞次的批評，不免「缺乏若干」，依我意思，如由爪哇，由太平洋移住美洲，則必須經過坡里內西亞線(Polynesia)，航海路未免過長。（參照 Kroeber: Anthropology, p. 350—351 The Route of Entry into the Western Hemisphere)又坡里內西亞諸島在紀元後五百年，還沒有人類，（參照林惠祥：文化人類學頁一二三）均不合於文化傳播的條件，爲補救此中間的證據的缺憾，我仍主張此印度之 Makara 雕刻之傳入美洲，是由印度爪哇，經由中國而傳入新大陸的。依中國文獻的記載，關於象，很早就有了。例如：

(一)書經禹貢揚州厥貢「齒」革羽毛傳齒象牙。

(二)詩經小雅采薇章「象」弭魚服注以象骨飾弓弰也。

(三)魯頌泮水章憬彼淮夷，來獻其琛，元龜「象」齒，大賂南金正義禹貢徐州淮夷蠙蛛暨魚，其土不出龜象，僖公伐而克之，以其國寶來獻，非淮夷之地出此物也。

(四)禮記玉藻笏諸侯以「象」士竹本象可也。

(五)明堂位尊用犧「象」注以象骨飾尊，一說尊爲象之形也。

(六)左傳襄公二十四年子產曰「象」有齒以焚其身賄也。

(七)又定上曰吳伐楚鍼尹固與王同舟，王使執燧「象」以奔吳師杜預注燒火燧繫象尾，使赴吳師，驚卻之。

(八)戰國策魏文侯曰白骨疑「象」，碔砆類玉，皆似之而非也。

(九)韓非子解老篇人希見生「象」也，而得死「象」之骨，接其圖以想其生也，故諸人之所意想者，皆謂之象也。

以上皆中國古代已有象之證。太平御覽卷八百九十引帝王世紀云『舜葬蒼梧，下有羣象常爲之耕，又云禹葬會稽祠下羣象耕田』。這當然是一種傳說。王充論衡駁道『象耕鳥耘，虛言五帝三王皆有功德，何獨於舜禹也。蒼梧之地多象，會稽衆鳥所居，象自蹈土，鳥自食草，土蹶草盡，若耕耘也』。可見此時中國已有象之移殖。但話雖如此，象實爲外國的產物，是從印度，南洋羣島各處，經過中國南部而輸入來的，舉例如下：

(一)爾雅南方之美者，有梁山之犀「象」焉。

(二)說文「象」長鼻牙，南越之大獸，三歲一乳。

(三)漢書大宛傳曰身毒國其人乘「象」以戰。

(四)漢書武紀元狩二年夏南越獻馴「象」應劭曰教能拜起周章從人意也。

(五)後漢書西南夷傳永元六年永昌郡徼外莫延慕義遣使驛獻犀牛大「象」

(六)萬歲歷曰成帝咸康六年林邑王獻「象」一知跪拜。(太平御覽卷八百九十引)

(七)吳錄地理經曰九真郡龐縣多「象」，「象」生山郡內及曰南饒之。(同上)

(八)格物總論曰「象」外國所產，身長丈餘，高稱之。(格致鏡原卷八十二引)

(九)北戶錄曰凡「象」白者，西天有之，又供御陀國有青「象」，皆中夏所無。

(一〇)桂海虞衡志曰「象」出交趾山谷，惟雄者有兩長牙，佛書云白象，又六六牙，今無有。

(一一)晉書穆帝本紀升平元年，扶南天竺旃檀獻馴象。詔曰昔先帝以殊方異獸，或爲人患禁之，今及其未至，可令還本土。

象一名伽耶(北戶錄)，原爲印度產物，所以斯密氏欲證明古代墨西哥之象文，爲印度Makara雕刻之傳播，是完全對的。不過斯密氏還沒有注意到，印度的象文，也曾給中國古代藝術以一些影響，如禮記明堂位「尊爲象形」即爲明證。又印度出產的象，因南方各國朝貢的關係，在先秦時代，楚越之國已多出產，而東方的淮夷且以象牙爲國寶，可見傳播得很遠很遠了。大概象之傳入中國，第一爲從象隊使用的戰法，案亞歷山大王及其後繼者，曾從由印度齎歸的象隊而得到多次的勝利，中國漢之王莽，於昆陵之戰，也曾使用過許多的猛獸和象隊。（見坂口昂：希臘文明之潮流頁一二一至一二二王璧如譯）第二爲與佛教的關係。漢代以後，佛教傳入中國，爾雅翼「象」字下云『象有進止威儀之象，浮屠取之』。又山川紀異『河南府有象莊，舊傳漢時西域僧以象馱經，至洛陽，化爲石，今石象猶存』。這都是有關於佛教輸入與象的故事。即就佛教本身來說，魏志烏九鮮卑東夷傳注『臨兒國浮屠經云其國王生浮屠太子，母夢白象而孕，及生從母左脅出，生而有結，墜地，能行七步』。因果經云『太子年十歲，與兄弟角力，與萬眷屬，將欲出城，時有一大象，當城門住，諸人皆不敢前，太子以手執象，擲著城外，還以手接，不令傷損，象又還甦』。由上傳說的象，本爲佛教的象徵神話，至今千佛洞所得之佛教書中，有一幅畫佛故事的古絹幡，是『喬答摩的母親摩耶夫人夢喬答摩降生之像，佛作一嬰兒騎白象在雲端狀』。（見斯坦因西域考古記頁一五四至一五五第九十三圖，及頁一一五至一五六之說明，向達譯）這種用中國畫法的佛本生故事(頁一五七)，不是證明了印度象的美術已經輸入中國的嗎？知道漢代以後中國與佛教的關係，即知印度的 Makara 藝術，經由中國以入古代美洲，是很可能的。而且以地理考之，漢時中國與印度諸國的海陸交通，均極發達。以人考之，從中國起程的罽賓國比丘五人，本爲佛教的信徒，而古美洲的象文，也正始於哥侖布發見美洲之前數世紀，以時代考之，亦能相合。因此我決定推翻了斯密氏由太平洋移住美洲之舊說，而主張新世界的雕刻意匠，是從印度經由中國而輸入美洲，這種新的說法，不消說是更有價值多了。

(b)佛像碑。

如 Alexander 新編 Mythology of all Races 第十一册卷首第一圖，卽爲好例。此大獨石碑，叫做魁類納的龍或大龜（"Dragon" or the "Great Turtle" of Quirigua)是在一羣基石或祭壇之一種石柱，此石柱彫有很精緻的凸出的花紋，爲已經荒廢了的馬耶城的一種行禮的庭院的遺跡。（參看第二十三圖）也許這不但是馬耶人的特殊工作，實爲美洲原住民的藝術。在這石碑頂上的圖畫，表示着一種高等舊式的幽靈，或龍的假面，環繞以各種裝

圖八

飾，在南北兩面（卽上面與下面）包含着神物的畫像，南面是『神和他裝飾的鼻子』的假面，（也許就是死神 Ahpuch），北面坐着張着口的龍，牠的上顎的牙齒，很淸楚地刻着，現於此紀念碑的頂面。如第二十五圖所指示，恰似佛教的神。馬耶的年月，約略相當於紀元後五二五年，發現在彫刻上的題句，是在「龍」的肩角上面。這紀念碑 W. H. Holmes 曾經爲之充分說明，見『藝術與考古學』（Art and Archaeology）第四卷第六號。今案此獨石碑可與同書第二十三圖（頁一六〇至一六一之間）參看，第二十三圖爲一照像，爲 Quirigua 之行禮的區域或大廣場，表示着舊馬耶帝國式的一個祭壇，三個用作墓石的石柱，別的紀念碑，也坐落在這個地方，其中卽有魁賴納的龍 (Quirigua Dragon) 如本圖。而這魁賴納的龍，由我研究的結果，以爲「龍」乃無稽之動物，本爲中國人幻想中之神物，馬耶人，甚至於美洲之原住民，以此神物，爲紀念碑中之圖案，實受中國之影響無疑，此其證一。獨石碑的頂面，如二十五圖似的，繪着似佛教的神。（第二十五圖見頁一七八至一七九之間，因過於精細，不易繪出，此圖爲 Piedras Negras 紀念碑的石柱，此宏壯的浮彫，指示一種神物，以啄木鳥的羽毛爲頂飾，此圖中之佛教徒，則代表一羣所屬的信仰者，如底面所指示，其照像藏於 Peabody 的博物院，而要之此圖之神，實爲佛教之神，則一覽可知）。此佛教的神，究竟從何而來，參以梁書所云『有比丘五人，游行至其國，流通佛法經像，教令出家，風俗遂改』。便知此佛教之神，無疑乎乃受自中國起程之僧人感化的結果，此其證二。以年月考之，在此碑所繪「龍」的肩角上面，發現有Maya的年月記載，約當紀元後五二五年，今案梁書所載比丘五人游行至扶桑國之年月，爲宋大明二年，即紀元後四五八年，相距只六十七年，比丘五人遊扶桑國在先，此獨石碑及其他在大廣場之各紀念碑均在其後，無疑乎爲受中國僧人之影響者，此其證三。合此三證，吾人不能不承認中國正史所載紀元五世紀亞洲僧人發見美洲說，爲證據確鑿，決無疑義的了。

又如 Alexander 所編 Mythology of all Races, Chap. V, Central America 頁一六八與一六九之間，第二十四圖，爲年青的神的彫刻，穿着很精緻的衣服，坐在“Quirigua 的龍”『的口上。關於“Quirigua 龍』的雕像，已見第一圖，且已詳爲考證，此圖之照像，藏於 Peabody 博物院，與第二十五圖 Piedras Negras 之紀念碑的石柱（見同書頁一七八至一七九之間）同爲表示似佛教之神像。不過第二十五圖的紀念碑，已經毀破，所刻諸神像，雖精緻已極，仍有模糊之感。其中一佛徒像，胸前有串珠一副，則甚爲明瞭也。此圖所繪年青之神，無論從何點來看，均可決定其爲佛教之神像無疑，此其一證。又坐在“Quirigua 龍”的口上，前已考證『龍』爲中國人幻想中之神物，則坐在『龍』之口上的神，更可證其爲受東方思想之影響者，此又一證也、物證確鑿如此，可見紀元五世紀中國僧人發現美洲說，確爲事實無疑了。

在上列各圖外，在 Alexander 所編“Mythology of all Races”第十一册內，尚有頗多

九四

圖像，可資參證，如第二章"Mexico"頁六〇與六一間第七圖之二，爲快樂之神 Xochipilli"『花之主人』的彫像，頂飾已經失却，但就全體姿勢和神情來看，完全與中國普通之彫像相同。又第三章頁一〇六至一〇七間第十五圖下所載石刻花紋中的神像，亦無疑乎爲佛像的化身。第四章"Yucatan"論 Maya 一節，頁一二六至一二七間第十八圖，所載古廟之照像，其古廟形式，亦與中國普通之廟宇相似。第二十八章"Mother Goddess and Ceremonial Dish, Columbia." 頁二〇〇至二〇一間，第二十八圖之一，其形狀頗似中國的明器，亦甚可異也。總之，此等圖像，雖不必卽可證明美洲與中國文化之關係，然而至少亦可為以上各圖（卽第九圖，第一圖，第二十三圖，第二十四圖）之旁證，故並錄之。

（c）漢字碑及其他。

從考古學的史料上說，漢字碑當為更確切的證據，舉例如下：

（一）墨西哥首都博物院，陳列該國境內新出土之漢文古碑古磚古錢古裝雕刻甚多。又該國農人曾於耕田時，發現幾只石匣，中有許多泥塑佛像，其面貌服飾，與中國古裝相同。又有古錢一串，刻中國文字，其穿錢的麻繩，亦為中國式。

（二）祕魯公園陳列該國境內掘得的一塊漢文太歲碑，已經字跡模糊，惟太歲二字宛然可見，足為中國文化很早傳播美洲之鐵證。

（三）南美洲玻利維亞（Bolivia）發現漢文系統字件的彫刻。見民國二十四年一月十九日上海中華日報所載：『駐智利日本公使久野眞，頃在玻利維亞發見被掘之原始人類遺品數件，其中有人形石像，並雕刻類似華文之文字，卽拍成照像寄與外務省。聞外務省已再拍照數張寄贈中國學術界，並贈送東京東方文化學院等日本學界。日本學界雖加以研究，但不能獲得解決，祇能認明其為華字系統字樣。但何時代何國之文字，尙未能解釋。華字系統之字樣，有埃及之象形文字，西夏女眞契丹等文字，但其字樣中有不屬於此等文字之任何種類者，致未能究竟其詳細。日本考古學者鳥居博士，認爲係漢人曾於二千年前漂流於南美洲，後在該地作集團生活，此種字樣，卽其遺品云』。

（四）南美洲厄瓜多爾（Ecuador）博物院，陳列該國境內掘得的漢朝王莽所造的貨幣，此雖不足證明中國人在王莽時已至美洲之痕迹，却可證明爲後人攜往美洲當作古錢遺留者。

（五）索諾拉（Sonora）發現古城，見民國二十四年一月二十六日上海各報，原文如下：『美國亞利桑那諸茄來士，人種學家海伊斯，頃在索諾拉地方，發現二萬年前之古城，其地居地，當係來自亞洲或埃及之蒙古人』云案此古城之發現，可以證明美洲原始文化實起源於中國。

（六）加拿大大西洋海岸於一九三〇年美人在該地掘得石柱，上有中國篆文（註）

（註）參照陳志良「中國人最初移植美洲說」見說文月刊第一卷第四期。

（七）梁啓超「新大陸遊記」云在墨西哥及中美一帶，發現中國古物，其中有一古鏡，背刻「沙鏡」二字，爲西班牙人侵入美洲以前之物。（案此書有中華書局節本，無此段，此據胡體乾先生所述）

（八）胡汝霖（石青）遊記中，曾記其擬訪墨西哥『大齊田人之墓』疑其與田橫有關，以田橫與五百壯士自殺，本係傳聞，實則渡美去也。今案慧深傳「扶桑國」事，乃在南齊東昏侯永久元年，雖齊書未載，而實在「齊」時。宋大明二年（紀元四五八年）既有人到扶桑，則繼之者，當爲南齊之人，所謂「大齊田人之墓」疑卽指此，以墨西哥文化在紀元五世紀前，尙無所聞，則田橫之說，可不攻自破也。（胡汝霖遊記未見，此據康白情先生所述）

（九）奧國音樂學者 Hornbostel，曾親往南美考察，發現中國律管制度，早已流傳該洲，最近且在祕魯掘得一銀笛，其笛孔距離遠近，恰與中國笛孔計算之法相同，可爲中國樂器傳入南美之鐵證。見王光祈「東方民族之音樂」頁七。

由上實物證明，使我們越發知道中國文化之東傳美洲，在文獻學上，民俗學的史料以外，更有遺留的古物，作最好的證明。這種考古學的史料，無疑乎使紀元五世紀中國僧人發見美洲說，更成爲有力的證據了。

二

在我們所提出的紀元五世紀佛教徒發見美洲說以外，我們更可以附帶來批評一下，關於這一個問題的其他異說，來作一篇的結論。

第一，法顯發見西半球說　爲章炳麟氏所提出，見章氏叢書別錄三頁百〇八至百十一，原文如下：

『近法蘭西蒙陀穆跌輪報言，始發見亞美利亞加洲者，非哥侖布，而爲支那人，自來著歷史者，皆見近不見遠，徒以高名歸哥氏、按紀元四百五十八年支那有佛教僧五衆，自東亞之海岸，直行六千五百海里而上陸，其主僧稱法顯，紀元五百二年，公共旅行於世。今已傳譯至歐洲。據其所述上陸地點，確卽今墨西哥。今考墨西哥文化尚有支那文物制度之蛻形，見有婆羅門裝飾，又有大佛像等，不知何年製造。今按所謂旅行記者，則法顯佛國記，其發見美洲之迹，當在東歸失路時，錄其原文如左：

弘始二年，歲在己亥，與慧景道整慧應慧嵬等同契，至天竺尋求戒律，初發〔跡〕長安，六年到中印國，停經六年到獅子國，同行分披，或留或亡，卽載商人，大舶〔船〕上可有二百餘人，得好〔信〕風東下，三〔二〕日後便值大風，舶船漏水入，商人〔大〕怖，命在須臾，如是大風晝夜十三日，到一島邊，潮退之後，見船漏處，卽補塞之。於是復前，大海彌漫無邊，不識東西，惟望日月星宿而進，若陰雨時，爲逐風去，亦無所〔准〕準。當夜暗時，但見大浪相搏，晃若〔然〕火色，鼉黿水性怪異之屬，商人荒遽不知那向。海深無底，又無下石住處，至天晴已乃知東西，還復望正而進，若值伏石則無活路，如是九十許〔口〕日〔許〕，乃到一國，名耶婆提。其國外道婆羅門興盛，佛法不足言。停此國五月日，復隨佗〔他〕商人大舶〔船〕上，亦二百許人，齎五十日糧，以四月十六日發，東北行趣廣州，一月餘日，夜鼓二時，遇黑風暴雨，於是〔時〕天多連陰，海師相望僻誤，遂經七十餘日，卽便西北行求岸，晝夜十二日，到〔口〕長廣郡界，牢山南岸，〔便〕得好水菜，知是漢地。或言未至廣州，或言已過，莫知所定，卽乘小舶〔船〕，入蒲，〔不見〕人……得兩獵人，卽將歸，令法顯譯語問之，答言此青州長廣郡界，統屬晉〔劉〕家，……是歲甲寅晉義熙十二年〔口〕矣』（據學津討原本第七集「佛國記」校）

案師子國卽今錫蘭，本欲自錫蘭東歸廣州，乃反爲風所播，東向耶婆提國。耶婆提者，以今對音擬之，卽南美耶科陀爾國，尋審地望，値墨西哥南，而東濱太平洋，科音作婆者，六代人婆和兩音，多相溷，如婆藪槃豆，一作譯作和修槃頭，是其證。耶婆提正音耶和提，明卽耶科陀爾矣。世傳墨西哥舊爲大國，幅隕至廣，則耶科陀爾之在當時，爲墨西哥屬地無疑。所以知耶婆提必在美洲非南洋羣島者。自師子國還向廣州，爲期不過四十六日。據唐書地理志言，言廣州東南海行二百里至屯門山，乃帆風西行，二日至九州石，又南二日至象石，又西南三日行至占不勞山，山在環王國東，二百里海中，又南二日行至陵山，又一日行至門毒國，又一日行至古笪國，又東行至奔陀浪洲，又兩日行至軍突弄山，又五日行至海硤，蕃人謂之質東，行四五日至訶陵國，又西出硤三日至葛葛僧祇國，四五日行至勝鄧洲，又四五日行至婆露國，又六日行至婆國伽藍洲，又北四日行至師子國。故法顯失道以後，商舶亦齎五十日糧，蓋仍依師子廣州之水程爲準，是則由師子國至廣州，最遲不過五十日也今據法顯所述遭大風晝夜十三日始至一島，又九十日而至耶婆提國，合前三日計之，已得一百六日，是東行倍程可知。況南洋與師子國間，塗次悉有洲島，往往相屬，當時帆船皆傍海岸而行，未有直放大洋者。今言海深無底，不可下石，而九十日中又不見駢海島嶼，明陷太平洋中，非南海羣島可知。逮至耶婆提國，猶不知爲西半球地，復向東北，取道塗中，又行百餘日，始折而西。夫自美洲東行，又百許日，則環繞大西洋而歸矣。當時海師不了地體渾圓，惟向東方求徑，還繞泰西進行，既行而軼過青州海岸之東，始向西北折行，十二日方達牢山南岸，是顯非特發見美洲，又旋繞地球一帀也。不然，由師子國至廣州程塗祇五十日，而東行一百六日，乃至耶婆提國，復由耶婆提國東行一百餘日，始達中國近海，時爲期已二百餘日，不應迂回至此。由此知蒙陀穆跌輪報所說可信。哥侖布以求耶度安而得此。法顯以返自印度安而得此，亦異世同情哉。然據佛國記言，耶婆提國已先有婆羅門，特無佛法，則法顯以前，必有印度人遇風漂播至此者，故婆羅門教得傳其地。特所謂大佛像者，或法顯停留五月時所遺耳。又觀美洲山脈橫貫南北者，在北美曰落迦，落迦者界山也。在南美則曰昂底斯亦界山也。而落迦本印度佴山之語，如補陀落迦，呾落迦，彈多落迦，朅地落迦是也。落迦義本爲見，引伸則爲世界，彼富蘭那言山盡落迦，落迦岡底斯爲西藏大山，卽葱嶺所支分，以緜亙萬里得名，美之山脈莫長於昂底斯，正與葱嶺等，明昂底斯亦卽岡底斯之音轉，斯皆以梵語命山，益明婆羅門嘗先至美洲，特以姓名不著，而尸其居者，獨在法顯，斯可爲梵土前者悲，亦爲漢土尊宿幸矣。

由上章氏根據『Le Monde Moderne』月報，主張法顯發見西半球說，以耶婆提當美洲的 Ecuador，耶科陀爾國，其說甚辯，可備一說。不過這種新說，實在毫無根據，以耶婆提爲南美洲之厄瓜多爾國，據 Legge 等考證認爲完全支離附會。桑原隲藏氏在「ウ『イニンク』の「無名スフソンロコの」一篇論文裏面，更加以極嚴格的批評，（見頁一六〇至一六四）指摘出以下數處弱點。

（一）法顯之南海航行，在西紀四一三至四一四與四百五十八年或五百二年無干。

（二）耶婆提爲梵語 Yava-duɔpa 或訛爲 Labadin 之音譯，大體當今之爪哇，已成學界定論，（案中西交通史料匯篇第六册古代中國與印度之交通頁二八二「耶婆提國今人譯作爪哇島也。當然不能爲耶科陀國。

（三）耶婆提卽爲耶科陀爾國，章氏之說明以「婆」與「和」均等於 Vasubandhu 之 Va

音，雖有證據，但以「婆」音代表 Cau 音，尚待證明，耶字雖可代表 E 音，提字代表 dor 音，則尚待證明。

(四)Ecaudor 地名乃西班牙人渡美後所產生的新名詞，在西班牙人渡美之一千餘年前，即法顯時代，而謂已有 Ecuador 地名之存在，實爲滑稽之極。

(五)從 Ecuador 如何能够利用東北風而以迴航大西洋，這當然是一大疑問。

(六)距今一千五百年前之航路時代，竟能於八十餘日之疑期間，而航行世界一周，從耶科陀爾國而至中國之山東半島，此不能不說對於當時航海狀態完出缺乏知識的結論。

知道法顯發見西半球說，是完全出於誤解，又知紀元四四五十八年或紀元五百二年之時，正慧深所傳扶桑國記事的時代，那末就知道章氏所根據的 "Le Monde Moderne" 必爲梁書所載扶桑國一段無疑，而章氏所提出的法顯發見說，也可以說是毫無根據與自作聰明。

第二，十三世紀蒙古種族發見西半球說，爲朗金 (Ranking) 所提出，一八二七年 Ranking 發表『西曆十三世紀蒙古種族征服祕魯及墨西哥諸國之史的研究』(Historical Researches on the Conquest of Peru, Mexico, etc. in the Thirteeth Century by the Mogols 這當然是很奇特的論潮，就桑原氏的介紹此書內容，敍述西曆一二八一年（日本弘安四年）遠征日本，當蒙古艦隊破滅之時，其一部漂泊至亞美加利之西海岸，此等漂泊之蒙古種族，在祕魯及墨西哥地方，輸入了東方文化，因此所以亞美利加的古代文化和亞細亞的文化相類似。以此解釋亞美利加文化所受蒙古種之影響，當然是一大新的發見，但其證據如何，因未見原書，祇好存而不論好了。

總結起來，在一四九二年哥倫布發見美洲以前，亞細亞人實已很早發見美洲，這都是眞正的歷史事實，十三世紀蒙古人征服祕魯及墨西哥卽使不甚可靠，紀元五世紀中國正史所載佛教徒發見美洲說，則各種證據具在，我們實已無法否認此事實之存在，而且在哥倫布以前歐洲北方民族(Norsemen)實已先開闢美洲，他們中間最初的航海家就是列夫(Leif the Lucky)與卡爾科夫列(Karlsefni)二人，他們的航海故事在文蘭德旅行記 The Voyages to Vinland, from Saga of Erie the Red" 有詳細的記載，他們曾經在新大陸覓得葡萄樹，此亦可爲扶桑國所記『多蒲桃』一句話的積極證明。（詳見 John T. Faris: The Stories of the Geography Makers 漢譯「地理創造家」第一編第七章「北方民族與美洲」頁四三至五八）雖然這些北方民族，並沒有在美洲建立永久的殖民地，然而歐洲在哥倫布以前十世紀時已經發見格林蘭(Greenland)與美洲大陸，則確係事實。此事很普通的美國史教科書均有記載，（如 D. H. Montgomery: The Students American History, p. 1-3) 所以無須爲之證明，現在的問題卽是將這北歐民族 "Saga" 的發見——他們將牠取名文德(Vinland)來和亞洲民族佛教徒所發見——他們將牠取名『扶桑』來比較一下，北歐民族是一個老海盜，所經新大陸的遺物是『甲冑中的枯骨』，其目的乃在取得高貴貨物，這當然和亞洲民族以和平傳教爲目的給新大陸以世界文化九大體系中之墨西哥文化者，意義大不相同了。而且卽就發見美洲的時間來說，列夫開始航行在紀元九八一年，亞洲人之發見美洲，則在宋大明二年卽紀元四五八年以時間考之，相差五二三年，這就是說無論如何，亞洲人之發見美洲，較歐洲人之發見美洲爲先，祇要歷史事實不會錯誤的話，我們以爲中國正史所載紀元五世紀佛敎徒之發見美洲，應該算得美洲地理的創造家，是決無可疑的了。

附錄

哥倫布前一千年中國僧人發現美洲說提要

——民國二十八年十二月二日學術演講——

朱謙之先生講
陳翊湛筆記

一

自從一四九二年哥倫布（Christopher Columbus）發見了美洲，這一次在地理上空前的大發見，竟將所有以前歷史的面目，爲之顯然改觀。然就其此次遠航之動機，據其所述，即已明言爲尋求馬哥波羅遊記中所載之契丹（Cathay），此乃人盡皆知的事實。但可注意的，卻是在哥倫布以前約一千年，卽當五世紀中葉，從中國起程的僧人，已經航行到美洲之西而開闢了美洲的古文化，此事在各國學者，過去討論得極爲熱烈，並且著成了許多專書和論文。依據戈爾逖（Henri Cordier）『中國書目』（Bibliotheca Sinica）第四册和第五册所錄，已有八十餘篇，其中篇幅有至八百頁者，討論的時間從一七六一年至一九二一年，參加討論的人，有法、德、美、俄、英、意、印度、日本各國學者，祇沒有一個中國人。我因對於這個問題發生興趣，近來研究結果，寫成一本專書，並且肯定了這種說法。在此書尚未發表以前，承陳主任導師之約，特先在此簡單向各位報告一下。

二

這個問題的提出，我不能不對一七五二年法國的漢學家歧尼(De Guignes)氏深表感謝。他從馬端臨的文獻通考裏面，發見了這個新的問題，即於一七六一年發表「中國之美洲海岸航行及關於居住亞洲遠東的幾個民族的研究」報告史學院，謂其尋究中國古史，曾發見紀元五世紀已有中國僧人至扶桑國，扶桑者，即今美洲的墨西哥云云。此說一經宣佈後，隨着發生了很大的影響，贊成的人也有，反對的人也有，但他們都是依據中國的紀載來作討論該問題的核心的。我們既道中國古籍中關於扶桑國的紀載，文獻通考是本於南史（七十九列傳第六十九）南史又本於梁書。（五十四列傳第四十八）依照梁書所載，倭國東北七千餘里有文身國，文身國東五千餘里有大漢國，大漢國東二萬餘里即扶桑國，歧尼的著作即根據此點，以爲倭國即爲日本，文身國爲蝦夷所住的地方，大漢國即堪察加(Camchatka)，更向東二萬餘里的扶桑國，就地理和物產來說，不得不證明美洲的墨西哥了。而且美洲的古代文化，實從西海岸發起來。從日本北海道千島堪察加半島穿過阿留地安羣島(Aleutian)而到達北美洲的西北部，這是乘坐小船也可以到達的。因此歧尼所提出的問題，便惹起了一百六十年來世界學者不已的爭論，現在試分兩方面來觀察。

在贊成說的方面，可以用一八八五年文寧（Edward P. Vining）所著「無名的哥侖布」（Aninglorious Columbud）爲代表，他極力證明扶桑國卽墨西哥（Magney），以梁書所紀載，與墨西哥的古代文化互相比擬，發見其無不吻合。墨西哥的特產龍舌蘭（Magney），卽所謂扶桑木，古代的墨西哥人使用象形文字，有兩種監獄，實行灰責的刑罰，還有貴族稱號，與地方出產等等，均可作證明。最重要的是梁書所說；『其俗舊無佛法，宋大明二年（紀元四五八年）罽賓國嘗有比丘五人游行至其國，流通佛法經像』。證以墨西哥的古傳說，謂曾從外來的偉大人物，傳給他們以新的信仰，而這新信仰的旨趣，乃是獨身主義，禁欲主義，素食主義，均帶着很濃厚的佛教色彩。在這些外來人中最傑出，而爲土人所最稱道的是：Wixipecocha 與 Quetzalcoatl 二人，後者依古墨西哥語，卽「可尊敬之外來人」，前者或卽慧深比丘（Hwui Shin Bikshu）之音譯。還有墨西哥東南海岸附近的地方，稱宗教上最高位置的人爲 Tay-Sasoa Tay 土語爲人，Sacaa 爲外來語，或卽「釋迦」之音譯，Tayeacaa 與「釋子」同義，這可以解釋爲古代佛教徒流行此地的遺跡。其他墨西哥和附近的地方所發見的古代雕刻，都非常類似佛像，由此事實，可見將扶桑國認爲是墨西哥，是很有理由的了。

在反對說方面，可以希勒格（G. Schlegel）爲代表，他在一八九二年發表許多的「扶桑國考證」，極力主張扶桑國卽樺太（庫頁）島說，此說亦曾風靡一時。依他的意見，扶桑國實爲中國人已知之國，日本取扶桑以自名，圖書集成列爲已詳諸國之內，他極力證明扶桑與日本之關係，以東方朔的十洲記爲證。又將樺太島的情形，與梁書所載相比擬如『楮』卽扶桑木，古代蝦夷人亦有文字，其餘監獄官制，服制，婚姻，以及地方出產等等，無不相合。他的結論，否認了扶桑卽墨西哥說，對於流通佛法一節，一字不提，這可以說是他的最大缺點。

三

由上所述，主張扶桑卽墨西哥說，與主張扶桑卽樺太說，兩說均能言之成理，不過依照Schlegel的說法，則扶桑國乃在倭國東北，且地理的距離亦不相合。最有趣的就是大漢國有二，一見梁書，在中國之東，一見新唐書在中國之西北，是到了紀元六四九至六五〇年纔爲中國所知的，卻是Schlegel說明紀元四九九年的大漢國？據是而計算其與扶桑國之距離，甚爲可疑。因有種種之疑問，使我對於扶桑問題，發生了重新估定價值的勇氣。

我們試將贊否兩說來綜合比較一下，便知後說的缺點甚多，如以居室爲例，Schlegel說樺太島現有板屋，但據日本文庫八册所引唐高宗與日本貢使的問答，知道在紀元五六世紀，蝦夷守之熟夷，尚未有居室，住於小中的樹穴內，熟夷如此，則生夷可知。以文字來說，墨西哥有畫圖文字，樺太只有記號式數目語，以武器來說，蝦夷人有弓矢，善射擊，史有明文，與梁書，無兵甲，不攻戰之語不合，以刑罰言，墨西哥確有兩種監獄，樺太則無可考，又灰責的刑罰，亦有墨西哥所獨有，他處所無。最主要的就是文化，墨西哥古代文化發達，樺太島的蝦夷，則至今榛榛狉狉，尚在石器時代，這不是證明了兩說之中，以主張扶桑爲墨西哥就更有可靠的理由嗎？

不過最澈底的解決方法，仍不能不從搜集和批評關於扶桑的史料的方法上着想，第一就扶桑史料的系統來說，顯然可以分爲兩種，一是正史的系統，如梁書，文獻通考，南史，一是野史的系統，如山海經，十洲記，梁四公記以證明桑蠶的存在，不知該書所述，完全是一種神話？這就可見反對說的價值了。

第二說扶桑史料的演變來說，我們很可以利用民俗學的方法來研究關於扶桑傳說的演變。第一期以扶桑爲日所照拂的神木，可以離騷山海經爲代表，其中包含十日並出的神話，日中有三尺烏的神話，然而傳說中的扶桑，仍爲一種樹木一神木。第二期以扶桑爲日出之所，或卽爲日，可以十洲記梁四公記爲代表，十洲記包含仙人島之神話，仙人飛昇的神話，仙果異物的神話；梁四公記包含扶桑蠶不死的神話，大蠶變小的神話，蠶絲可懸金爐重五十斤的神話。第三期以扶桑爲日出處的日本，可以唐段成式的酉陽雜俎爲代表，其所載有女人生鬚的故事，中國士人充蝦精騁馬的故事，海龍王的故事。因爲這些野史的史料與扶桑國在昔未聞過的正史的史料系統不同，所以根據野史之自然演變，便自然而然會得到，扶桑卽樺太島的斷案。這只要注意到 Schlegel 考證所用的史料的系統，便不足爲奇的。

四

我們既推翻了扶桑即樺太說，我們便可以重新來積極證明扶桑即墨西哥說。我的證據有三，即第一證人，第二證地，第三證事；

第一以人爲證，梁書扶桑傳「宋大明二年（紀元四五八）罽賓國比丘五人游行至其國，流通佛法經像」。今按罽賓國即今之克什米爾(Kashmir)在北印度地方，唐時歸入中國版圖，故可稱爲中國僧人，然而無論中國僧人也好，印度僧人也好，發現美洲的貢獻，不能不說是亞洲人的貢獻。我們的問題，乃在這幾個無名的哥倫布究竟是怎樣的人物，是有怎樣的本領？在未解釋以前，須先注意一下罽賓國與中國之交通情形，依前漢書卷九十六所載，須經過大頭痛之山，小頭痛之山，赤土身熱之阪，「險阻危害，不可勝言」，然而無論如何困難，而罽賓國的僧人，居然自漢以後，接踵而來，據高僧所載，其東來諸僧從紀元四世紀至五世紀間，已有僧伽跋澄，僧伽提婆；曇摩耶舍，弗若多羅，佛佗耶舍，卑摩羅叉，佛馱什，曇摩密多，求那跋摩諸人，這些僧人皆有宗教天才，均受極嚴格的宗教訓練與冒險精神，他們立誓遠方傳教，與明清間之耶穌會士相同，又均爲大遊歷家，其好遊四方的嗜欲，決不在回教徒之下。

然而從地理上來觀察，罽賓國至中國的路程，約萬二千二百里，從中國至扶桑國的路程，約二萬餘里，這些僧人既然可以從罽賓國到中國，也就可以從中國到美洲了。再從時間上觀察，梁書大明二年，正是以上僧人來中國的時候，而這些僧人，又是高僧傳所載是『不知所終』，他們究竟是到了什麼地方，這就很可以値得我們注意的問題了。

第二以地爲證。依照梁書倭國卽今日本，文身國卽北海道及千島羣島中的某島，爲舊蝦夷人所居地。次之大漢國，De Guignes 與 Schlegel 均認爲卽今之堪察加地方，但依我的意思，大漢國風俗既與文身國同，則以文身國的風俗生活的狀況推之，當係阿留地安（Alutian）羣島的埃斯基摩（Eskimo）種族的土地，以與文身國之距離計之，亦剛相合，埃斯基摩人雖然像一個野蠻人，但實爲和平不事攻戰的種族，克魯泡特金的互助論第三章其中『埃斯基摩人與阿留地安人』一節，有極詳盡的說明，埃斯基摩人我族“We groud”的觀念甚強，故常自稱爲“Innuit”卽「大人」「好漢」之意，此卽大漢國一名之由來。還有就是扶桑國後所記的女國，因爲神話與史實相混，最成問題，其實女人國的傳說，古代各地皆有，亞美尼亞王的海敦紀行（Hethim）勃拉奴克劈尼（Plano Carpini）的紀行書，西班牙克拉維局（de Clavijo）的奉使東方記，馬哥波羅遊記，蘇萊曼東遊記，均有此種傳說，中國文獻如後漢書，梁書，北史，隋書，新唐書，元史，山海經，博物志，梁四公記，三才圖會，亦均有此種傳說，慧深所傳扶桑東之女國，當亦不出此例。但亦非無線索可尋，案其所說，當係今南美洲亞馬孫河（R. Amazon）附近之一島。Amazon 本爲東方女國之稱，亞馬孫河因西班牙人所見之女兵團而得名，墨西哥地方，至今尚有 Amazon 城，甚可注意也。總上所述，知道梁書所記扶桑國地理位置，以與倭國文身國，大漢國，女國等距離考之，與今地均有可考，則扶桑國之爲墨西哥，也因此很可明白了。

第三以事爲證。可分三點來說，其一民族起源，其二神話傳說，其三古物遺留。

（1）就照 A. L. Kroeber 的人類系統樹，美洲埃斯基摩人(Eskimo)與印第安人(Indians)均屬於蒙古利亞種(Mongoloid)與中國人爲同種。此蒙古利亞種之移入美洲，大概是從百令海狹，踏冰渡過，或航過。其移入時期，約在一萬年，此層文化人類學者間，幾成定論，考古學者如：Berthald Laufer 歷史學家如 Well, Hayes and Moon，無不採用此說，大概是不成問題的了。（出使祕魯參贊謝希傳所著『墨西哥述略』云墨西哥是印第安族，稱華人爲『拔山擎』，卽同鄉之意，其言甚可玩味）。

（2）就神話傳說。可舉者如（a）扶桑木的神話，圖見 Alekarder 所編『世界各民族之神話』中 (Vol. XI, Chap. II, 70—71 之間）其中樹木乃爲世界大海所環繞，大海中有日出其下，樹兩根同生，更相依倚，樹旁有玉蜀黍，其上有啄木鳥，似與三足烏之傳說有關。（b）Quetzalcoatl『的神話，案 Quetzalcoatl 爲東方之神，又爲日月星之象徵，又爲建立墨西哥古文化之神，由此種種，可證其與扶桑傳說相合，而爲古墨西哥「可尊敬之外來人」的神話化。（c）雨神的神話，詳見 Elliot Smith 所著『龍之進化』(The Evolution of the Dragon) 第二章，王符稱世俗畫龍之狀，馬首龍尾，龍爲中國雨神，Maya 人之 Chac 與 Aztec 之 Tlalos，亦爲雨神，而爲象首尾蛇者，閱見原書（頁八四至八五之間），惟 Smith 欲證明美洲傳說，與埃及巴比倫之關係，則未免離題太遠了。

（3）就古物遺留說。在墨西哥首都博物院境內發現許多漢人的古碑古錢古雕刻陳列於該國首都博物院。又祕魯（Peru）發現的一塊漢文古碑，有漢文「太歲」二字，現陳列於祕魯公園內，又南美玻利維亞（Bolivia）發掘原始人的遺物，其中有漢文字樣的雕刻，厄瓜多爾國（Ecuador）境內，曾掘出王莽時所造貨幣，現陳列於厄瓜多爾國博物院。由此種種，均爲鐵證。又在 Alexander 所編『世界民族神話』(Mythology of all Races)第十一册，卷首一圖，爲大獨石碑，可算爲美洲原住民的藝術，碑中的圖案『龍』實受中國傳說的影響，又該碑頂面，繪一似佛之神，在碑所繪龍之肩角上面，發現 Maya 年月，約當紀元後五二五年與梁書所載年月相差後六十七年，無疑是受亞洲僧人之影響。又同書（頁一六八至一六九間）年青神像，與第二十五圖紀念碑的石柱雕刻，同爲表示佛教之神像，上圖一見卽可決定其爲佛像，下圖精緻已極，惜已毁破，其中一佛徒像，胸首有串珠一副，甚爲明瞭，其餘物證尙多，不勝枚舉，而要之紀元五世紀中國僧人發現美洲的事實，則可以斷言。

總結上面，人地事各方面證明，便可得到一大結論，就是在一四九二年哥侖布發見美洲以前，從中國起程的僧人，實已發見美洲，雖然在哥侖布以前十七世紀時北歐民族（Norseman）

曾發見格林蘭(Greenland)與美洲大陸，但若和亞洲僧人所發見的——他們將他取名『扶桑』來比較一下，則北歐民族是一個海盜，所給新大陸的遺物是『盔甲中的枯骨』，其目的乃在取得高貴的貨物，卽以發見的時間來說，亦較後五二三年，反之亞洲僧人以和平傳教爲目的，所給新大陸的是世界文化九大體系中之墨西哥文化，在時間來說，亦較北歐民族之發見爲先，只要歷史事實是不會錯的話，我們以爲中國歷史所紀載紀元五世紀佛教徒之發見美洲，應該算得美洲地理的創造家，不特如此，在給予墨西哥古代文化的意義上是很大，是決無可疑的了。